10대를 위한 군주론 수업

10대를 위한 군주론 수업

초판 1쇄 인쇄 2025년 2월 3일
초판 1쇄 발행 2025년 2월 15일

지은이	김정진
펴낸곳	넥스트씨
펴낸이	김유진
출판등록	2021년 11월 24일(제2021-000036호)
주소	서울시 중구 서애로23 3층, 318호
홈페이지	nextc.kr
전화번호	0507-0177-5055
이메일	duane@nextc.kr

ⓒ 김정진, 2025
ISBN 979-11-990676-4-6 43340

10대를 위한

군주론 수업

위한

김정진 지음

Lessons from The Prince

세상에서
가장 위험한 책,
《군주론》

1559년, 교황 파울루스 4세는 책 한 권을 뚫어지게 바라보며 깊은 생각에 잠겼습니다. 교황청의 분위기는 무겁게 내려앉았고, 그곳에 모인 추기경들은 교황의 판결만 기다리고 있었죠. 드디어 교황은 결심을 하고, 단호하게 선언했습니다.

"《군주론》에는 악마의 사상이 담겨 있다. 이 책은 인간의 도덕을 타락시키고, 신성한 질서를 파괴한다. 앞으로 이 책을 아무도 읽지 못하도록 금서로 지정하노라!"

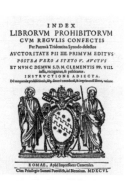

교황 파울루스 4세의 '금서 목록'

가톨릭교회는 마키아벨리의 철학이 기독교의 윤리적 가르침과 충돌한다고 보고 그의 책을 금서로 지정했어요. 《군주론》은 1559년 발표된 금서목록의 첫 번째 판에 포함되었습니다.

교황청의 금서 지정은 책의 생명을 죽이는 것

이었습니다. 이날 《군주론》은 교황에게 사형선고를 받은 것이나 마찬가지였죠.

이 소식은 유럽 전역에 빠르게 퍼져나갔습니다.

이후 《군주론》은 저주받은 책으로 취급받으며, 도서관에서 불태워지거나 사라져 갔어요. 이제 사람들은 《군주론》을 소유하거나 읽는 것조차 큰 위험을 감수해야 했죠.

악마의 유혹일까?

그런데 곧 이상한 일이 벌어지기 시작했습니다. 금서로 낙인찍힌 이후 오히려 《군주론》에 대한 사람들의 호기심이 불꽃처럼 타오른 것입니다.

어느새 《군주론》은 유럽의 군주, 귀족, 지식인들의 필독서가 되었습니다. 몰래 책을 읽은 이들은 《군주론》에 담긴 통찰력과 현실적인 조언에 충격을 받았어요.

사람들은 이 책을 은밀히 필사책을 손으로 베껴 쓰는 것하여 내용을

중세 유럽에서 책을 불태우는 모습

책을 검열하고 불태워서 반대 의사를 표시하는 것은 로마제국부터 계몽주의 시대까지
이어진 서유럽의 교회 정책 중 하나였어요. 그림은 13세기 초 이단 알비파의
책을 불태우는 장면을 묘사한 〈성 도미니크와 알비파〉의 일부분으로, 1495년 작품입니다.

퍼뜨렸고, 금지된 지식은 개인 서재와 비밀 모임 등 지하 세계에서 전파되며 새로운 생명을 얻었습니다.

교황에게 사형선고를 받은 《군주론》 덕분에, 마키아벨리 1469~1527년는 죽은 지 30여 년 만에 화려하게 부활했습니다. 이후 《군주론》은 평범한 책을 넘어서, 인간의 정치와 권력에 대한 위험하지만 강력한 진실의 상징이 되었습니다.

금지된 책, 인류의 고전이 되다

1513년에 출간된 《군주론》은 지금까지 500년 넘게 읽히며 긴 시간 살아남은 것은 물론, 이제 인류의 고전이 되었습니다. 세계 최고의 대학들은 《군주론》을 필독서로 선정했어요.

하버드대학교, 서울대학교에서 《군주론》을 반드시 읽어야 할 고전으로 꼽은 이유는 무엇일까요?

《군주론》은 단순히 권력자와 정치인을 위한 책이 아니기 때문입니다.

마키아벨리는 중세의 암흑기, 유럽을 휩쓴 전염병과 전쟁, 르네상스14~16세기에 일어난 유럽의 문예부흥 운동를 온몸으로 겪으면서 인간 본성과 권력의 본질을 꿰뚫어 보고, 리더가 가져야 할 냉철한 지혜와 용기를 《군주론》에 담았습니다.

마키아벨리는 군주가 추구해야 할 이상이 아닌, 현실을 직시했습니다. 때로는 무서울 만큼 냉혹한 조언도 남겼죠.

그의 메시지는 정치의 영역을 넘어서 권력자의 특성과 본질,

인간 심리와 욕망 등 인간 사회의 핵심 원리를 다룹니다. 따라서 《군주론》은 정치학, 심리학, 사회학의 본질에 대한 통찰이 듬뿍 담긴 고전입니다.

오해와 편견을 넘어

《군주론》은 오랫동안 마키아벨리에 대한 오해와 편견을 낳았습니다. 사람들은 마키아벨리를 '목적 달성을 위해 수단과 방법을 가리지 않는 권모술수의 상징'으로 여기곤 했죠.

하지만 여러분은 이 책을 통해 마키아벨리가 어떤 사람인지 그리고 그가 말하고 싶었던 진실이 무엇인지를 들을 수 있을 거예요.

장자크 루소Jean-Jacques Rousseau, 1712~1778년는 프랑스의 철학자이자 계몽사상가로, 근대 민주주의의 기초를 마련한 인물입니다. 그는 대표작 《사회계약론》에서 마키아벨리를 '공화국의 위대한 시민'으로 평가하며 이렇게 말했습니다.

장자크 루소

마키아벨리는 군주에게 조언하는 척하면서 실제로는 시민에게 군주의 추악한 진실을 드러냈다.

마키아벨리는 《군주론》을 통해서 유럽을 지배하던 '벌거벗은 임금님'들의 속살을 보여 주었어요. 그리고 이는 프랑스혁명에 방아쇠를 당기는 역할을 했습니다.

프랑스혁명1789~1799년은 단순히 왕정이 몰락한 것이 아니라, 현대 민주주의와 시민사회를 탄생시킨 역사적 사건입니다. 이 혁명을 통해 '자유, 평등, 우애'라는 가치가 전 세계로 퍼져 나갔으며, 국가의 주권이 군주가 아닌 국민에게 있다는 개념이 확립되었죠.

이처럼 현대 국가의 기틀이 되는 프랑스혁명의 정신에 큰 영향을 미친 책이 바로 《군주론》입니다.

따라서 《군주론》은 현재에도 여전히 중요한 가치를 지니고 있습니다. 또한, 《군주론》은 처음으로 권력의 구조와 작동 원리를 체계적으로 분석하며 현대 정치학의 출발점이 되었습니다.

마키아벨리의 메시지를 쉽고 정확하게 읽는 법

하지만 《군주론》은 10대들이 읽고 이해하기에는 다소 어려운 책입니다. 특히 이 책을 쓴 마키아벨리가 어떻게 살았고, 그의 생각이 무엇인지 모르는 상태에서 책을 읽으면 그 뜻을 제대로 파악하기 어려워요.

게다가 책 속에는 고대와 중세의 수많은 사례가 등장하기에 복잡하게 느껴질 수밖에 없습니다. 이런 이유로 《군주론》과 마키아벨리에 대한 오해가 생긴 것입니다.

그래서 저는 여러분이 《군주론》을 쉽고 정확하게 이해하도록 '군주론 일타강사'가 되기로 마음을 먹고, 이 책을 썼답니다.

여러분에게 《군주론》과 같은 인문고전을 제대로 이해하기 위한 핵심 비결을 알려 드리겠습니다. 첫째는 작가의 삶에 대해 살펴보고, 둘째는 작가가 살아간 시대적 배경에 대해서 파악하는 것입니다. 이 2가지를 알고 있다면, 작가가 어떤 의도에서 글을 썼는지 그 맥락을 쉽게 헤아릴 수 있습니다.

마키아벨리가 사랑했던 역사적인 도시, 이탈리아 피렌체

이를 위해 총 4파트로 책을 구성했습니다.

1부에서는 마키아벨리의 인생과 그가 살았던 피렌체에 대해서 흥미롭게 설명합니다.

2부는 마키아벨리가 《군주론》을 쓴 이유와, 《군주론》에 대한 평가를 다루죠.

3부와 4부에서는 《군주론》의 본문을 역사적 사건과 인물의 사례를 들어 쉽게 해석합니다. 특히 알렉산더 대왕, 나폴레옹, 세종대왕과 같은 위대한 군주의 성공과 실패를 들여다볼 수 있습니다. 동시에 히틀러와 무솔리니와 같은 사악한 군주들이 어떻게 권력을 얻고, 왜 몰락했는지에 대한 교훈을 얻을 수 있죠.

또한 현대의 군주라고 할 수 있는 오바마, 트럼프, 윤석열, 김정은 같은 권력자들이 어떻게 권력을 획득하고 유지하는지를 분석할 수 있습니다.

이 책을 통해 여러분은 마키아벨리와 수많은 군주를 만나며 리더십과 현실 감각, 꿈을 이루는 전략과 용기를 배우게 될 것입니다.

그리고 3가지의 진실을 마주하게 될 것입니다.

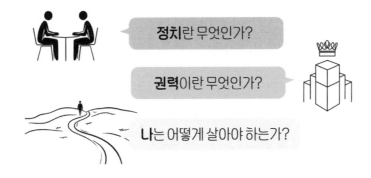

정치란 무엇인가?

권력이란 무엇인가?

나는 어떻게 살아야 하는가?

CONTENTS

01

위험한 멘토,
마키아벨리는
누구인가?

오해받은 책의 진실을 찾아서

'《군주론》은 세상에서 가장 오해를 많이 받는 책이다.'

책은 작가가 씁니다. 따라서 《군주론》에 대한 오해는 곧 마키아벨리에 대한 오해이기도 하죠. 《군주론》을 제대로 이해하려면 마키아벨리가 어떤 사람인지, 어떤 삶을 살았는지부터 알아야 합니다. 그래야 그가 어떤 의도에서 이 책을 썼는지, 그 진짜 의미를 파악할 수 있으니까요.

르네상스 시대를 대표하는 천재 중 한 명인 레오나르도 다빈치도 이 생각에 동의했을 겁니다. (다빈치와 마키아벨리는 같은 시대에 활동하며, 한때 한 마을에서 살기도 했답니다.)

그는 이렇게 말했어요.

"모든 연구의 시작은 그 근원을 파악하는 것에서 시작한다."

《군주론》은 출간된 지 500년이 지났지만 여전히 논란의 중심에 서 있습니다. 많은 사람은 이 책의 저자인 마키아벨리를 이렇게 묘사합니다.

"권력을 위해서라면 수단과 방법을 가리지 말라고 조언하는 냉혹한 인간."

과연 그럴까요?

이런 오해는 마키아벨리가 어떤 사람인지 모르는 상태에서 《군주론》에 나오는 글만 읽었기 때문입니다.

특히, 마키아벨리의 조국이었던 당시 피렌체는 강대국에 둘러싸여 하루하루 힘겹게 생존을 이어가고 있었어요. 이런 역사적 배경을 모르고 《군주론》을 읽으면 책의 참뜻을 이해하기 어렵습니다.

그래서 저는 여러분에게 마키아벨리가 어떤 인물이었는지, 그가 사랑했던 피렌체는 어떤 나라였는지 친절하게 설명한 후에 《군주론》을 해석해 드리려고 합니다.

마키아벨리는 정말 냉혹한 인간이었을까요?

이제 그 답을 찾으러 마키아벨리가 태어난 500년 전의 피렌체로 떠날 차례입니다.

아이고! 이런…, 마키아벨리가 죽음을 눈앞에 두고 있네요!

마키아벨리의 급격한 몰락

간수들은 마키아벨리의 두 팔을 뒤로 꺾어 밧줄로 묶었습니다. 그리고 그 밧줄을 도르래에 연결해 마키아벨리를 하늘 높이 들어 올렸습니다.

대롱대롱 매달린 마키아벨리의 눈에 광장에서 자신을 흥미롭게 지켜보는 사람들이 보였습니다. 어떤 이들은 마키아벨리를 가리키며 웃음을 터뜨리기도 했죠. 마키아벨리는 그 순간 빨리 죽어 버리고 싶을 만큼 수치심을 느꼈습니다.

간수들은 도르래에 연결된 밧줄을 풀어 마키아벨리를 바닥으로 떨어뜨렸습니다. 그리고 마키아벨리가 땅에 처박히기 직전, 도르래를 멈췄습니다. 이 고문은 여섯 번이나 반복되었어요.

마키아벨리는 극심한 고통과 공포를 느꼈죠. 그의 어깨는 완전히 탈구되고 몸은 고통으로 비명을 질렀습니다.

이후 그는 다시 감옥으로 끌려갔습니다.

그는 왜 이런 고문을 당한 것일까요?

마키아벨리와 피렌체 정부

마키아벨리는 29세에 피렌체 정부의 제2서기국 서기장으로 임명되어 15년 동안 충직하게 근무했습니다. 그의 임무는 외교 갈등을 해결하고, 정세를 파악하며, 피렌체를 노리던 강대국의 위협을 막는 것이었습니다.

그는 자신의 조국인 피렌체를 정말 사랑했기에 정부에서 주는 쥐꼬리만 한 해외 출장비에 늘 자신의 월급을 보태서 다녔죠. 이로 인해 가정에 월급을 보내는 일은 거의 없었고, 그의 아내는 아이들과 함께 포도와 올리브 농사를 지으며 생계를 꾸려갔습니다.

1512년, 마키아벨리의 인생을 바꾼 큰 사건이 일어납니다. 유럽에서 강력한 힘을 발휘하던 메디치 가문이 스페인과 손잡고 피렌체를

마키아벨리의 초상화
16세기 피렌체 화가 산티 디 티토의 작품

다시 장악한 것이에요.

원래 메디치 가문은 마키아벨리가 태어나기 전부터 피렌체를 지배해 왔지만, 1494년 프랑스의 침공으로 인해 잠시 권력을 잃고 쫓겨났던 상황이었죠. 권력을 되찾은 메디치 가문은 지난 정권의 고위직이었던 마키아벨리의 모든 직위를 박탈합니다.

갑작스러운 정권 교체는 항상 반대 세력의 거센 저항을 가져오는 법이죠. 쿠데타를 준비하던 반대 세력은 자신들의 동조자뜻을 같이하고 지지하는 사람로 보이는 사람들을 명단에 올렸고, 그중에 마키아벨리의 이름도 있었어요. 마키아벨리는 그 사실을 전혀 몰랐지만요.

그러나 반대 세력보다 메디치 가문이 한 발 더 빨랐습니다. 메디치 가문은 쿠데타 정보를 미리 알고, 사전에 반대 세력을 모두 체포했습니다. 쿠데타는 시작조차 못 하고 끝났고, 마키아벨리는 단지 명단에 이름이 있었다는 이유만으로 체포되어 끔찍한 고문을 당하고 있었던 겁니다.

처절한 호소 속 유머와 기지

쿠데타 주범들은 이미 사형을 당했고, 마키아벨리도 언제 목이 달아날지 몰랐죠. 고문을 당한 그날 밤, 마키아벨리는 자신의 목숨을 쥐고 있는 새 대통령 '줄리아노 데 메디치'에게 시를 썼습니다. 원문을 각색하여 읽기 쉽게 풀어썼으니 같이 한번 읽어 보시죠.

줄리아노 님, 제 다리에는 족쇄가, 등에는 여섯 번 떨어진 형틀이 있습니다. 벽에는 너무 크고 살찐 나비 같은 이들이 득실대고, 제가 묶인 이 멋진 곳에는 악취가 가득합니다. … 요즘 저의 제일 큰 걱정은 새벽에 울리는 '당신을 위해 기도합니다'라는 교회의 기도 소리입니다. 저를 위한다는 그 기도 소리로 도저히 잠을 잘 수가 없습니다. 저의 가장 큰 걱정을 덜어 주십시오. 당신께서 제게 자비를 베푸시기를, 또 아버님과 조부님의 명성을 뛰어넘으시기만을 기도합니다.'

자신의 목숨을 권력자에게 구걸하는 처절한 시입니다. 이러한 극한의 상황에서도 마키아벨리는 시를 쓰고, 그 속에 유머 코드를 심었던 사람입니다.

줄리아노 데 메디치는 그 시를 읽고 어떤 반응을 보였을까요? 아마도 이렇게 말하지 않았을까요?

"마키아벨리는 정말 미쳤어! 그러나 미워할 수가 없군!"

고통에 신음하며 겨우 잠든 새벽녘, 감옥소 옆의 성당에서 들리는 기도 소리에 잠을 깬 그는 자신의 인생이 어디서부터 잘못되었는지 되짚어 보았습니다. 그리고 아름다운 피렌체를 누비고 다녔던 행복한 어린 시절을 떠올렸습니다.

자유가 흐르는 피렌체에서 나고 자라다

1469년 5월 3일, 마키아벨리는 피렌체 시내에서 태어났습니다. 그가 태어난 곳은 지금도 피렌체의 중심부인 시뇨리아 광장 바로 옆 마을입니다.

마키아벨리는 시대를 잘 타고난 사람이었습니다. 태어나 보니

피렌체의 중심지, 시뇨리아 광장

시뇨리아 광장은 피렌체의 정치적 중심지로, 마키아벨리가 태어나기 150여 년 전부터 있었어요. 광장 주변의 건축물과 분위기를 통해 당시의 번영을 짐작할 수 있죠.

르네상스를 일으킨 자유와 예술이 흐르는 피렌체였으니까요.

환경은 사람을 변화시키고 가치관 형성에 큰 영향을 줍니다. 르네상스를 꽃피운 피렌체에서 태어난 마키아벨리는 자연스럽게 자유를 사랑하는 사람으로 성장했습니다.

그러나 자유로운 피렌체에도 계급은 존재했습니다. 가톨릭 종교인과 귀족은 '유력자'로 불렸고, 그 아래로 돈이 많은 부유한 시민과 하층민이 있었습니다. 정치인과 공무원은 명문가 출신만이 될 수 있었죠.

마키아벨리는 1513년에 친구에게 보낸 편지에서 자신의 어린 시절을 이렇게 표현했습니다.

"나는 가난하게 태어나서 어린 나이에 즐거움보다 인내를 배웠어."

마키아벨리가 가난한 집안에서 태어난 것은 맞지만, 하층 시민은 아니었어요. 그의 아버지 베르나르도는 법률 박사였으며, 가문은 토스카나 출신의 명문가였습니다. 어머니 바르톨로메아 역시 피렌체의 유서 깊은 네리 가문 출신이었죠.

그러나 현실은 가문의 명성에 미치지 못했습니다. 아버지가 유산으로 물려받은 것은 피렌체 외곽의 작은 농가 하나뿐이었고, 이곳에서 생산되는 올리브와 포도는 가족이 자급자족할 정도밖에 되지 않았어요.

즉, 마키아벨리는 좋은 가문에서 태어났지만, 돈이 없어 가난한 중산층으로 자랐다고 볼 수 있습니다.

가난과 문화가 함께한 성장

아버지 베르나르도는 법률고문으로 일했지만, 돈 버는 재능은 없었어요. 심지어 세금을 내지 못해 피렌체 정부에 '스페키오 세금미납자'로 낙인찍혀서 시민들에게 공개되었을 정도였죠.

상업이 중심이었던 피렌체에서 세금을 내지 않는 것은 큰 치욕으로 여겨졌어요. 이로 인해 공직 진출이 금지되고 마을 사람들에게 조롱받는 일 또한 흔했습니다. 실제로 마키아벨리가 서기장으로 임명될 때, 반대 세력이 이 문제를 거론하며 비판하기도 했습니다.

훗날 베르나르도는 자녀들의 미래를 위해 세금을 모두 납부하고, 스페키오 명단에서 자신의 이름을 지웠습니다. 그 덕분에 마키아벨리에게 새겨졌던 주홍글씨도 사라졌죠.

아버지 베르나르도는 경제적으로는 무능했지만, 아내와 자녀들에게 다정한 사람이었어요. 마키아벨리의 어머니도 시와 음악을 좋아하고, 자녀를 사랑한 따스한 사람이었죠. 특히 마키아벨리는 아버지와 평생을 친구처럼 지냈습니다.

이처럼 마키아벨리는 가난했지만 화목한 가정환경에서 자랐습니다. 마키아벨리는 집안의 장남으로, 위로는 누나가 2명 있었고, 아래로는 여동생 1명과 남동생 2명이 있었습니다.

그는 형제들과 함께 피렌체 시내를 휘젓고 다니며 르네상스의 절정기를 온몸으로 느끼며 성장했습니다. 이 경험은 그의 자유로운 사고와 폭넓은 시야를 형성하는 데 큰 영향을 미쳤어요. 화려한 문화와 예술, 그리고 역동적인 도시 분위기는 마키아벨리의 가치관과 세계관에 깊이 스며들었습니다.

인문고전을 만나게 해 준 아버지

마키아벨리의 아버지 베르나르도의 취미는 인류의 지혜를 담은 '인문고전'을 수집하고 읽는 것이었어요. 어쩌다 돈이 생기면 저축을 하기보다는 책을 샀죠.

이런 고상한 취미는 가족의 생계에는 전혀 도움이 되지 않았지만, 훗날 마키아벨리가 《군주론》이라는 불멸의 인문고전을 쓰는 데 씨앗이 되었답니다.

당시 구텐베르크의 금속활자 인쇄술이 보급되면서 유럽 전역에 출판 산업이 확산되었지만, 책값은 여전히 비쌌습니다. 1495년 당시 피렌체에서 간행된 책이 40권 남짓에 불과했으니[2], 책이 얼마나 귀했을지 짐작할 수 있죠.

그런데 마키아벨리의 아버지는 1495년 이전에 벌써 단테의 《신곡》, 리비우스의 《로마사》, 아리스토텔레스의 《윤리학》, 베르길리우스의 《아이네이스》, 키케로의 《변론학》 같은 고전을 소장하고 있었다 해요. 그가 얼마나 인문고전 수집에 애정을 갖고 있었는지 알 수 있습니다.

홍미로운 점은 베르나르도의 책장에 종교 서적이 없었다는 것입니다. 이는 마키아벨리에게도 영향을 주어, 그는 종교를 인

잠깐!

고려 vs. 독일 구텐베르크의 금속활자

독일에 살던 구텐베르크는 1445년경, 금속활자 인쇄술로 《성경》을 찍어냈습니다. 이후 인쇄술은 전 유럽으로 순식간에 퍼져나갔어요. 1495년에서 1497년에 걸쳐 유럽에서 1,821점의 책이 간행되었는데, 그 가운데 447점이 베네치아에서 출판되었습니다. 2위인 파리는 181점, 피렌체는 40점 남짓밖에 되지 않았죠.

사실 세계에서 가장 오래된 금속활자 인쇄본은 청주 흥덕사에서 1377년 출간한 《직지》였답니다. 구텐베르크의 《성경》보다 무려 78년 앞서 있었죠. 고려가 금속활자 인쇄술을 처음 발명한 것은 맞지만, 민간이나 아시아 전역으로 퍼져나가지는 못했습니다.

반대로 구텐베르크의 인쇄술은 전 유럽으로 퍼져나가서 인류 역사 상 처음으로 출판 산업을 열었어요. 이것은 르네상스가 활활 타오르는 데 기름을 부어 주었습니다.

간이 필요에 의해 만들어 낸 발명품으로 여겼습니다. 이 같은 혁신적인 관점은 당시 피렌체 사회에서 매우 이례적인 것이었죠.

《로마사》와 마키아벨리

아버지의 책 중에서 마키아벨리의 마음을 사로잡은 것은 바로 리비우스의 《로마사》였습니다.

베르나르도가 이 책을 어떻게 얻었는지에 관한 재미있는 이야기가 있어요. 수중에 책을 살 돈이 없었던 베르나르도는 《로마사》가 나왔다는 소식을 듣곤, 재빨리 출판사 사장을 찾아갔습니다.

"리비우스의 《로마사》가 나왔다지요?"

"그렇소! 사려면 빨리 주문해야 할 거요. 어찌나 소식이 빠른지 이미 주문이 밀려 있다니까요."

"저……, 우리 아들이 이 책을 무척 갖고 싶어 하는데, 제가 책을 살 돈이 없습니다. 출판사가 무척 바빠 보이는데, 제가 여기서 일을 하고 돈 대신 책을 받으면 어떻겠습니까?"

"좋소! 마침 책 목록을 정리해야 하니 그 일부터 도와주시오."

마키아벨리의 아버지는 몇 개월 동안 출판사에서 일해주고, 《로마사》 책을 받았답니다. 이런 아버지의 모습을 본 마키아벨리는 《로마사》에 더 큰 애정을 갖고 책을 읽었죠.

이 책은 로마가 건국된 기원전 753년부터 아우구스투스가 통치했던 기원전 9년까지를 다루고 있습니다. 마키아벨리는 아버지의 책장에 있던 《로마사》에 완전히 매료되었어요. 훗날 강제적으로 일자리를 잃은 중년 시절에는 방대한 로마사를 요약해 《로마사 논고》라는 책을 저술하기도 했죠.

마키아벨리는 로마사를 통해 국가와 권력의 작동 원리를 자연스럽게 배우고, 자신만의 가치관과 철학을 완성해 《군주론》을 쓰는 데 큰 도움을 받았습니다.

특히 마키아벨리는 피렌체 공화국을 넘어서 이탈리아의 통일을 추구했는데, 이러한 생각은 당시에 파격적인 것이었어요. 아마도 이탈리아 전역을 최초로 통일했던 국가의 이야기인 《로마사》의 영향을 강하게 받은 것이 아닐까 합니다.

마키아벨리의 아버지는 비망록에 이렇게 적었습니다.

"마키아벨리는 일곱 살 때부터 읽기와 쓰기 그리고 문법을 배웠고, 열 살에 수학과 부기, 열두 살에 라틴어를 배웠다."

당시의 중산층 가정 아이들이 받는 평범한 교육 수준이었죠. 아이러니한 점은 베르나르도 자신은 대학교에서 법학박사까지 취득했지만, 아들 마키아벨리는 대학에 보내지 않았다는 것입니다. 아마도 어려운 가정형편, 그리고 마키아벨리가 공부에 재능이 없었기 때문이라고 추측됩니다.

훗날 마키아벨리를 싫어했던 사람들은 그를 '못 배운 사람'이라고 깎아내리기도 했어요. 당시 정부 고위직에 있던 대부분의 사람들은 대학교를 졸업한 엘리트였거든요.

그러나 정작 마키아벨리 자신은 학력에 크게 개의치 않았답니다. 비록 마키아벨리가 대학 교육을 받지는 못했지만, 아버지의 인문고전은 그에게 대학 교육 이상의 지식과 지혜를 주었으니까요.

마키아벨리를 키운 '르네상스의 심장', 피렌체

마키아벨리를 키운 것은 첫째는 부모이고, 둘째는 피렌체였습니다. 만약 마키아벨리가 피렌체에서 태어나지 않았다면,《군주론》은 쓰이지 않았을지도 몰라요. 따라서 마키아벨리와《군주론》을 제대로 이해하기 위해서는 피렌체를 알아둘 필요가 있습니다.

현재 피렌체는 이탈리아의 한 도시이지만, 당시에는 인구 7만 명을 가진 독립된 공화국이었어요. 피렌체는 상업의 중심지이자 문화강국이었지만, 군사적으로는 매우 약한 나라였답니다. 심지어 자체 군대도 없이 용병외국에서 고용한 병사에 의존했죠.

15세기 이탈리아는 지금과는 완전히 다른 모습이었어요. 이탈리아 반도는 밀라노 공국, 베네치아 공화국, 피렌체 공화국, 교황령로마냐, 나폴리 왕국으로 나뉘어 있었는데, 이 중 피렌체는 가장 약한 국가였어요.

피렌체의 위치를 보면, 북쪽으로는 강대국인 밀라노 공국과

공국 : 공작이 다스리던 나라

공화국 : 민주주의 기반의 대통령
(군주)이 다스리는 나라

왕국 : 왕이 다스리는 나라

교황령 : 교황이 다스리는 나라

15세기 이탈리아의 지도와 국가의 종류

자료 출처 : en.m.wikipedia.org

베네치아 공화국이, 남쪽으로는 힘깨나 쓰던 나폴리 왕국이 자리 잡고 있었습니다. 바로 옆에는 강력한 세속적 권력을 가진 교황령이 있었죠. 피렌체는 강대국들 사이에서 끊임없이 압박을 받는, 처량한 샌드위치 신세였답니다.

그래도 교황령이 옆에 있어서 괜찮지 않았냐고요? 천만의 말씀입니다. 당시 교황은 신의 대리인으로 황제보다 더 높은 권위를 가졌지만, 동시에 세속적인 군주로 살인과 침략전쟁을 일삼는 경우가 많았어요. 지금으로는 상상할 수 없겠지만, 당시 교황은 또 다른 형태의 군주였다고 보면 됩니다. 교황 역시 피렌체를 자신의 영토로 삼기 위해 항상 노렸답니다. 더 나아가 피렌체의 북쪽에는 프랑스와 신성로마제국독일이, 남쪽에는 스페인과 튀르키예가 자리해 있었습니다. 세계 최강대국들 사이에서 피렌체는 전쟁의 공포에 끊임없이 시달렸어요.

피렌체의 지정학적 위치가 강대국에 둘러싸인 한국과 정말 비슷하지 않나요? 실제로 피렌체는 한국처럼 수시로 침략을 당했고, 그때마다 온갖 방법을 동원해 위기에서 벗어났답니다.

피렌체의 최전선을 지키다

이처럼 불안정한 환경에서 마키아벨리는 15년 동안 외교를 책임졌어요. 그는 최전선을 지키는 병사와 같았습니다. 그가 무너지는 건, 곧 피렌체가 무너지는 것과 마찬가지였습니다.

마키아벨리는 사방팔방 뛰어다니며 해외 정보를 수집해서 본국에 보고했고, 다른 나라의 권력자들에게 달콤한 거짓말과 돈을 안겨주며 전쟁을 막으려고 애썼답니다.

외교의 최전방에서 산전수전을 겪으며 다양한 군주를 직접 만난 경험은 그가 《군주론》을 집필하는 데 결정적인 밑거름이 되었어요. 만약 그가 강대국인 베네치아 공화국이나 프랑스의 외교관이었다면, 군주와 국가에 대해 그렇게 깊은 고민을 하지 않았을지도 몰라요.

《군주론》은 운명적으로 약소국 피렌체에서 태어나 외교관을 하며, 온갖 서러움을 다 겪어본 마키아벨리였기에 쓸 수 있었던 책입니다.

대체 피렌체가 어떤 나라였길래?

마키아벨리는 피렌체를 너무도 사랑했습니다. 그 이유 중의 하나는 피렌체가 아주 오랫동안 자유를 지켜온 자랑스러운 역사를 갖고 있기 때문이었어요.

피렌체는 1115년에 이미 독립적인 공화국을 만들고, 오늘날의 민주주의와 비슷한 정치 제도를 정착시켰습니다. 물론 독재정권이 들어선 시기도 있었지만, 피렌체 시민들은 투쟁을 통해 다시 공화국의 전통을 되찾았답니다.

　마키아벨리는 외교관으로 유럽의 많은 나라를 다니며 다양한 정치 제도를 경험하였습니다. 이를 통해 그는 시민의 자유를

잠깐!

피렌체와 다비드 상

　1504년 피렌체의 중심인 시뇨리아 광장에 세워진 미켈란젤로의 다비드 상은 피렌체의 자유와 공화정을 상징하는 대표적인 예술작품입니다. 다윗이 골리앗에게 돌을 던지기 직전의 긴장된 모습을 묘사한 이 작품은, 피렌체 시민들의 자긍심과 저항 의지를 담고 있어요.

　당시 피렌체는 강대국과 메디치 가문의 권력 독점이라는 2가지 위협에 놓여 있었습니다. 하지만 피렌체 시민들은 다윗처럼 강대국과 불의에 맞설 수 있다는 자신감을 잃지 않았죠. 다비드 상은 그러한 용기와 단호한 저항 정신을 상징합니다.

수호하는 공화국이 얼마나 소중한지 깊이 깨달았어요. 그래서 《군주론》 곳곳에 자유에 대한 열망을 녹여냈죠.

마지막으로 우리가 알아야 할 것이 있어요. 피렌체가 단순히 르네상스를 일으킨 도시를 넘어서, 르네상스의 심장이었다는 사실입니다.

공화국에 흐르는 자유를 통해 피렌체는 상업과 금융업을 번성시켰고, 막대한 부를 쌓았습니다. 그 자본은 새로운 예술과 문화를 창조하는 힘이 되어, 결국 유럽의 르네상스를 탄생시킨 주역이 되었죠. 당대에도 피렌체는 유럽인이라면 누구나 한 번쯤 가보고 싶어 했던 매력적인 나라였습니다.

메디치 가문, 피렌체에서 르네상스를 이끌다

피렌체와 르네상스를 말할 때 메디치 가문을 빼놓을 수 없습니다. 메디치 가문은 교황을 3명이나 배출했고, 피렌체의 대통령도 여러 번 도맡아 했어요. 영국, 프랑스 같은 대국들도 전쟁 때면 메디치 가문의 돈을 빌렸을 정도로 유럽의 큰 손이었습니다.

이런 메디치 가문을 처음 일으킨 사람은 '조반니 디 비치 데 메디치'였습니다. 그는 피렌체에서 금융업을 시작해 14세기에 최고의 은행가로 자리 잡았어요.

그의 아들 '코시모 데 메디치'는 아버지보다 사업수완이 좋아서 메디치 은행을 전 유럽으로 확장시켰습니다. 동시에 피렌체의 권력을 잡아 30년 동안 안정된 정치를 펼쳤고, 문화와 예술의 DNA를 피렌체에 심기 위해 막대한 개인 재산을 투자했습니다.

사람들로부터 너무 많은 재산을 탕진한다고 비난받았을 때, 그는 이렇게 말했습니다.

나는 피렌체의 자유로운 분위기를 잘 안다. 우리 가문도 50년이 되지 않아 권력을 잃고 쫓겨 날 것이다. 그러나 우리가 쫓겨나도 내가 후원한 예술작품은 남는다.

코시모는 그리스와 로마의 위대한 고전에 인류의 지혜가 담겨 있음을 알고, 인문고전을 연구하는 학자들에게 충분한 연구비를 지급해 연구에 전념할 수 있도록 했습니다. 또한, 학자들이 연구 성과를 발표하고 토론하는 심포지엄을 열어 르네상스의 기반을 마련했죠.

당시에 유럽은 중세 암흑기와 흑사병을 거치면서 매우 쇠락해 있었습니다. 코시모는 문화와 예술을 후원해 유럽에 다시 인문주의와 예술이 꽃피도록 씨앗을 뿌려 주었습니다.

1464년에 코시모가 죽자 시민들은 그에게 '조국의 아버지'란 영광스러운 호칭을 선사합니다. 그는 죽으면서도 도나텔로 같은 예술가들이 계속 예술 활동을 이어가도록 유산을 남겼습니다. 코시모의 아들은 아버지의 정책을 잘 유지했지만, 병으로 인해 5년 만에 세상을 떠났습니다.

그리고 1469년, 코시모의 손자 '로렌초 데 메디치'가 역사에 등장합니다.

로렌초 데 메디치와 르네상스의 절정기

메디치 가문의 전성기는 로렌초이며, 역사는 그를 '위대한 자'로 기록합니다.

마키아벨리는 로렌초에 대해 이렇게 말했어요

그는 신에게 많은 사랑을 받은 사람이다. 그는 예술가와 문학가를 무척 아끼고, 후원했다. … 그는 건축과 시를 매우 즐겼다. 그리고 피렌체 청년의 미래를 위해서 피사에 대학교를 설립하고, 이탈리아에서 가장 뛰어난 사람들을 교수로 영입했다.

로렌초는 마키아벨리가 태어난 1469년에 피렌체의 군주가 되었고, 마키아벨리가 23세가 되는 해까지 피렌체를 다스리며 르네상스를 절정으로 꽃 피웠습니다. 역사가들은 그의 재임 시

금융업으로 메디치 가문을 일으키다   조반니 디 비치 데 메디치 1360~1429년

피렌체에 르네상스의 씨앗을 뿌리다   코시모 1389~1464년

피에로 1세 1416~1469년   조반니 2세 1421~1463년

르네상스를 꽃 피우다   로렌초 1449~1492년   줄리아노 2세 1453~1478년

피에로 2세 1471~1503년   조반니 3세 1475~1521년   줄리아노 3세 1479~1516년

로렌초 2세 1492~1519년   《군주론》을 헌정받다

메디치 가문의 주요 인물들과 가계도

기를 르네상스의 황금기라 말하죠. 즉, 마키아벨리는 유년기와 청년기에 가장 화려했던 르네상스를 자기가 사는 동네에서 온몸으로 만끽하며, 문화적 세례를 받았습니다.

그 시기 로렌초는 그리스·로마의 고대 문헌을 연구하고, 고대

건축물을 복원하면서 고대의 지혜를 되살리기 위해 노력했습니다. 이러한 고대 문명에 대한 재발견은 인문주의 사상을 꽃 피우는 데 중요한 역할을 했습니다.

당시 그가 후원한 예술가는 레오나르도 다빈치, 미켈란젤로, 보티첼리 등의 천재 예술가들이었습니다. 그들은 서로 경쟁하며 오늘날 피렌체의 건물과 박물관의 명작들을 만들어 냈어요.

마키아벨리가 태어난 집 근처에는 피렌체에서 가장 유명한 베로키오 공방이 있었는데, 그 시기 레오나르도 다빈치는 공방에서 수련하며 여러 작품을 만들고 있었습니다. 아마도 마키아벨리와 다빈치는 동네에서 자주 마주치면서 서로 반갑게 인사를 나누지 않았을까요? 미래에 르네상스 시대의 가장 유명한 인물로 자신들이 거론될 줄은 모르고선 말이죠.

이처럼 피렌체는 자유로운 공화국 정치체제, 금융과 상업도시의 번영, 메디치 가문의 그리스·로마 인문 연구와 문화예술 후원이라는 세 요소가 어우러져 르네상스 문화를 꽃 피웠습니다. 피렌체에서 시작된 르네상스는 예술, 과학, 철학 등 다양한 분야에 걸쳐 혁신적인 발전을 이루며 유럽 전체로 퍼져 나갔고, 오늘날까지도 우리에게 큰 영향을 미치고 있어요.

《군주론》은 르네상스를 꽃피운 '로렌초 데 메디치'의 손자 '로렌초 데 메디치'에게 헌정되었습니다. 할아버지와 손자가 이름이 똑같죠.

하지만 코시모의 말처럼 메디치 가문은 권력을 오래 유지하지 못했습니다. 1494년 프랑스 샤를 8세가 피렌체를 침략하자, 대통령이었던 '피레오 드 메디치'는 쉽게 항복을 선언했습니다. 성난 시민들은 그를 피렌체에서 추방해 버렸죠. 이후 손자 로렌초는 다시 피렌체 권력을 잡고 대통령이 되었습니다.

마키아벨리는 이제 막 권력을 잡은 애송이 로렌초에게 군주의 길을 알려주면서, 동시에 자신이 다시 피렌체 정부에서 일하기를 바라며 《군주론》을 썼던 것입니다.

어떤가요? 이처럼 피렌체와 르네상스 그리고 메디치 가문은 마키아벨리의 가치관 형성에 직접적인 영향을 주었고,《군주론》의 탄생에 결정적인 역할을 했습니다.

무직자에서 피렌체 고위직으로의 화려한 변신

1498년, 29세의 마키아벨리는 피렌체 제2서기국 서기장 선거에 도전장을 내밀었습니다. 이 자리는 지금으로 치면 국가 주요 행정기관의 국장이나 차관급 직책에 해당하는 고위 공무원 자리였죠. 1차 단계인 80인 위원회를 무사히 통과한 마키아벨리는 국회 표결을 앞두고 있었습니다.

피렌체 정부의 500인 회의장은 국회의원들로 가득 찼고, 후보는 총 4명이었습니다. 대학교수 1명, 변호사 1명, 공증인 1명, 그리고 무직자 1명. 그 무직자가 바로 마키아벨리였습니다.

당시 피렌체에서 고위직 공무원에 출마하려면 조합에 소속되어 있어야 했는데, 다른 후보들은 변호사 조합이나 공증인 조합 같은 권위 있는 조직에 속해 있었습니다. 반면 마키아벨리는 포도주 양조업자 조합 소속이었죠. 아버지가 시골 산장에서 소량의 포도주를 생산했던 덕분에 가까스로 조합 가입 요건을 충족한 거예요.

마키아벨리는 두근거리는 마음으로 투표를 지켜보았습니다.

투표 방식은 간단했습니다. 국회의원들이 흰 강낭콩을 찬성하는 후보의 상자에 넣는 것이었어요.

드디어 투표함이 열렸습니다! 흰 강낭콩이 가장 많이 든 상자는 뜻밖에도 마키아벨리의 이름이 적힌 상자였습니다. 한 번도 이름을 알린 적 없는 무직 청년의 당선은 그야말로 의외의 결과였죠.

아마 그날 가장 놀란 것은 마키아벨리와 그의 선거를 물밑에서 도운 아버지였을 거예요. 혹시나 했던 일이 정말로 현실이 되어 버렸으니까요.

무슨 일이 있었던 것일까요?

마키아벨리의 아버지는 아들을 피렌체 정부의 서기장으로 만들기 위해 오랫동안 공을 들였습니다. 먼저 포도주 조합에 가입하고 그곳에서 봉사하면서 영향력 있는 인물들을 친구로 만들었죠. 그리고 법학박사라는 사회적 지위를 이용해 메디치 가문의 핵심 인물들과도 인맥을 다졌습니다.

그렇게 아버지가 조합에서 신뢰를 쌓고 나자, 마키아벨리가 아버지를 대신해 조합 일을 맡으며 정치 경험을 쌓아 나갔습니다. 야무진 청년 마키아벨리의 꼼꼼함과 성실함은 좋은 평판으로 이어졌어요.

어느 날, 로마에 주재하고 있는 피렌체 대사가 마키아벨리에게 비밀 임무를 맡겼습니다. 당시 대통령이었던 사보나롤라의 설교를 들은 시민들의 반응을 분석해 달라는 요청이었습니다.

사보나롤라는 프랑스가 피렌체를 침략했을 때 도망친 메디치 가문을 대신하여 운 좋게 대통령에 오른 수도사종교인였어요. 신에게 기대어 말로만 정치를 했던 그의 지지율은 급속하게 떨어지고 있었죠.

피렌체 대사는 사보나롤라의 문제점과 향후 전망까지 논리적으로 담겨 있는 마키아벨리의 보고서를 읽고 깜짝 놀랐습니다. 그리고 실제로 몇 개월 후, 성난 군중은 사보나롤라를 화형시켜버렸고, 그 후에 온건파인 소데리니가 대통령이 되었죠.

마키아벨리는 기회가 왔다고 판단했습니다. 그리고 아버지의 치밀한 노력과 그의 타고난 재능을 이용하여, 무직자에서 일약 피렌체의 서기장에 당선되어 시민들을 놀라게 했습니다.

마키아벨리의 전기를 최초로 쓴 파크콸레 빌라리 19세기 이탈리아의 역사가이자 정치가는 피렌체 서기장 자리에 올랐을 당시의 마키아벨리를 이렇게 묘사했습니다.

키는 보통이고, 말랐다. 눈과 머리카락은 검었다. 얼굴은 작고, 약간 매부리코에, 입술을 굳게 다물고 있었다. 그는 항상 날카롭게 관찰하고, 생각이 많은 사색가였다.

피렌체 서기국은 국가 행정의 중심으로, 1서기국과 2서기국으로 나뉘어 있었어요. 하지만 역할 구분은 무의미했습니다. 인구 7만 명의 도시에서 발생하는 모든 일과 외교적 사건을 처리해야 했으니까요. 마키아벨리는 1서기국의 업무까지 맡으며 늘 야근을

로렌초 바르톨리니의 마키아벨리 동상
1846년작품, 피렌체 우피치 미술관 소장

했습니다. 그는 둘째가라면 서러울 일 중독자였어요.

결국 탁월한 업무 능력으로 대통령의 신임을 받게 된 그는 대통령 비서관과 '평화와 전쟁 10인 위원회' 비서관을 겸임하며, 무려 15년 동안 피렌체 정부의 핵심 역할을 수행했습니다. 회의만 가면 일을 싸안고 오는 상사였음에도, 동료들과의 관계는 끈끈했습니다. 직원들은 그를 형, 동생처럼 따랐고 퇴근 후에는 뒷골목 술집에서 어깨동무를 하고 웃으며 하루를 마무리했죠.

일에 진심이었던 프로 외교관

마키아벨리의 첫 출장지는 전통적으로 피렌체의 영향 아래에 있던 피사였습니다. 피사의 사탑으로 유명한 이 지역에는 피렌체와 용병 계약을 맺은 '자코모 다피아노'가 용병대장으로 있었어요. 마키아벨리의 임무는 그가 원하는 용병대장 연봉을 올려주고 재계약하는 간단한 일이었습니다.

원래 자코모는 소국작은 나라 피옴비노의 영주였습니다. 영주는 소규모의 영토를 군사적·정치적으로 다스리는 통치자였어요. 당시 수많은 소국의 영주들이 자신의 안전보장과 돈을 벌기 위해 대국의 용병대장을 겸직하곤 했는데, 대국도 그들을 용병대장으로 고용하는 게 이득이었습니다. 영주가 반란을 일으키거나, 다른 나라와 손잡고 쳐들어 올 가능성이 줄었기 때문이죠.

하지만 마키아벨리는 단순히 계약 업무만 처리한 게 아니었어요. 그는 피사를 세밀히 관찰한 뒤, 피렌체가 피사를 장악해야 하는 이유를 담은 보고서 〈피사 문제에 관한 논고〉를 작성해 제출했습니다. 마키아벨리의 통찰력 있는 보고서를 받아 본 피렌체 고위직들은 감탄하면서 보고서를 돌려 보았다고 해요.

첫 번째 임무를 무사히 마친 마키아벨리는 곧바로 포를리 지역으로 향했습니다. 이번 임무도 용병대장과 재계약을 체결하는 일이었습니다. 이곳 영주는 이탈리아 전역에서 가장 카리스마 넘치는 여성으로 꼽히던 '카테리나 스포르차'였고, 그의 아들이 피렌체 용병대장이었죠.

카테리나가 이탈리아 전역에 유명세를 떨치게 된 사건이 있었습니다. 어느 날 부하들이 카테리나의 자녀들을 인질로 잡고,

카테리나 스포르차의 초상 & 지금도 남아 있는 카테리나의 포를리 성

그림은 로렌초 디 코레디의 1481년 작품

쿠데타를 일으켰어요.

"영주의 자리를 내놓지 않으면, 자식들을 모두 죽이겠다!"

그녀는 재빨리 성문을 잠근 다음, 성벽 위에서 치마를 걷어 올리며 외쳤습니다.

"멍청한 놈들아! 아이는 여기로 얼마든지 낳을 수 있는 걸 모르느냐!"

이런 대범함으로 쿠데타를 진압한 그녀는 이탈리아의 슈퍼 스타가 되었습니다. 마키아벨리의 출장 당시에도 큰 인기를 누리고 있었어요. 1서기국의 보좌관으로 마키아벨리와는 막역한 사이였던 비르조가 '돈을 얼마든지 줄 테니 카테리나의 초상화를 꼭 구해 오라'는 편지를 써 보냈을 정도였습니다.

그런 카테리나를 만난 마키아벨리. 그러나 마키아벨리도 만만치 않은 프로 외교관이었습니다. 아들의 연봉 인상을 요구하는 카테리나에게, 협상에 응하지 않을 시 계약을 무산시키겠다는 으름장을 놓았던 거죠.

대범한 성격의 카테리나는 마키아벨리의 제안을 쿨하게 받아들입니다. 이후 마키아벨리는 8일 동안 포를리에 머물며, 하루 한 통꼴로 협상 결과 보고서를 작성해 피렌체로 보냈답니다.

프랑스로의 긴급 파견

이즈음 프랑스 루이 12세는 이탈리아를 지배하려는 야심을 드러내고 있었습니다. 피렌체는 위기를 느끼고 프랑스와 동맹을 맺기 위해 마키아벨리를 파견했어요.

문제는 프랑스에 전염병이 돌아, 루이 12세가 계속 지역을 옮겨 다니며 마키아벨리의 출장을 길게 만들었다는 점입니다. 왕이 있다는 소문을 듣고 열심히 말을 달려가보면 어느새 다른 곳으로 옮겨가 있었죠.

덕분에 출장비가 부족해진 마키아벨리는 매우 난감한 상황에 처했어요. 마키아벨리는 '출장비가 다 떨어졌다'며 편지로 출장비 추가 지불을 줄기차게 요청했습니다. 그럼에도 정부가 답을 하지 않자, 화가 난 마키아벨리는 편지를 다시 보냈습니다.

각료님들의 인간성과 판단력을 믿어 의심치 않으며, 이 문제의 빠른 해결을 간절히 바랍니다.

출장비 문제를 해결하지 않을 경우 그들의 인간성과 판단력이 의심받을 수 있다는 무언의 압박을 전달한 셈입니다. 이 편지 이후에 출장비는 두 배로 늘어났답니다.

외교 출장이 주요 업무였던 마키아벨리와 그의 직장 동료들에게 출장비는 매우 중요한 과제였던 같습니다. 마키아벨리는 동료들을 위해 〈프랑스에 외교 출장을 가는 사람들을 위한 출장비 사용 노트〉를 써서 공유하기까지 했어요.[3]

프랑스 왕궁 바깥문 문지기들에게는 1두카토씩, 안쪽문 수위들에게는 2두카토씩… 우편 담당자는, 장기 출장일 경우에 선물을 꼭 해 줘야 우리가 편하다. 참! 프랑스 총리인 당부아즈 추기경 집의 수위 두 사람에게도 1두카토씩 주는 것을 잊지 말아야 한다.

어떻게 이처럼 세세한 노하우를 얻게 된 것일까요? 마키아벨리의 프랑스 출장이 무려 5개월이나 지속되었거든요! 한편, 이런 예기치 못한 장기 출장이 생기면 언제나 직장 부하들이 마키아벨리를 대신해 그의 가족을 챙겼어요. 서기국의 부하 직원인 베스푸치가 마키아벨리에게 보낸 편지를 볼까요.

방금 형 집에 다녀왔어. 형이 말한 내용은 다 챙겼어. 형네 가족들은 모두 잘 지내고 있어. 마리에타 형수(마키아벨리의 아내)가 가족들의 안부를 꼭 전해 달랬어. 다만, 베르나르도가 아빠를 보고 싶다며 칭얼대기는 했지.

수개월의 노력 끝에 마키아벨리는 마침내 프랑스 총리 당부아즈 추기경과 만나는 데 성공했습니다. 기대 없이 몇 마디 말을 주고받은 당부아즈는 마키아벨리가 보통내기가 아니라는 걸

금세 알아차렸죠.

당부아즈와 마키아벨리는 서로에게 호감을 느꼈고, 유럽의 국제 정세에 대해 열띤 토론을 벌이기도 했습니다.

"이탈리아인은 전쟁을 할 줄 몰라."

"아하! 그건 맞습니다. 그런데 프랑스인은 정치를 할 줄 모르더군요."

"그래? 태어나서 처음 듣는 소리네. 왜 그렇게 생각하나?"

"프랑스인이 정치를 잘 안다면, 교황에게 그토록 큰 힘을 실어주지 않았을 테니까요. 교황은 이탈리아를 자기 발아래 둔 다음에는, 그 힘으로 프랑스를 굴복시키려 할 겁니다."

"음, 그게 그렇게 되나? 듣고 보니 틀린 말은 아니구먼!"

당부아즈의 도움이 있었는지, 마키아벨리는 마침내 협상을 마무리 지을 수 있었습니다. 이후 프랑스와 피렌체는 동맹 협약을 맺었고, 마키아벨리는 그토록 원했던 피렌체로 복귀하게 되었습니다.

군주라면 체사레 보르자처럼

마키아벨리는 《군주론》에서 체사레 보르자를 군주의 모델로 제시합니다. 그는 누구나 좋아하는 군주는 아니었지만, 누구나 두려워하는 군주였죠.

마키아벨리는 '사랑받는 군주보다 두려움을 받는 군주가 되어라'는 명언을 남겼는데, 바로 체사레 보르자를 두고 한 말입니다.

군주론의 롤모델, 체사레 보르자
알토벨로 멜론의 1513년 작품

체사레 보르자는 교황 역사상 최악의 인물로 꼽히는 알렉산드르 6세의 아들입니다. 알렉산드르는 악의 표본이라 불릴 만큼 잔인하고 부패한 인물이었어요. 그는 정적을 가차 없이 제거하고, 뇌물을 통해 권력을 쌓았으며, 여자를 몹시 좋아해 바티칸에 40명의 고급 매춘부를 두고 즐겼다고 전해집니다. 비공식적으로는 많은 아이를 두었죠.

그는 권력에 대한 야망도 대단했습니다. 권모술수에 능했던 그는 프랑스와 손잡고 이탈리아 전역을 자신의 땅으로 만들기 위한 계획을 실행에 옮겼습니다. 그의 최측근 참모는 자신의 성향을 꼭 닮은 아들, 체사레 보르자였습니다.

추기경에서 군주로

아버지 교황은 체사레 보르자가 열여덟 살 때, 그를 추기경으로 임명했습니다. 그러나 체사레는 열아홉 살에 추기경 자리에서 사퇴하며 본격적인 군주의 길을 걷기 시작합니다. 교황청 역사상 스스로 추기경을 사퇴한 첫 사례가 바로 체사레 보르자입니다.

어느 날, 체사레는 아버지 교황 앞에서 마음에 들지 않던 성직자를 칼로 찔러 죽였습니다. 격노한 아버지에게 체사레는 이렇게 말했죠.

"조용히 하세요. 아버지! 시끄럽게 굴면 아버지도 이렇게 될 수 있습니다."

그 아버지의 그 아들이었죠. 체사레는 권력이 커지던 동생에게 질투를 느낀 나머지, 동생을 칼로 찔러 강물에 던졌다는 이야기도 전해집니다. 하지만 교황 알렉산드르는 여전히 체사레를 신뢰하며, 중요한 정복 전쟁의 책임자로 임명했습니다.

체사레 보르자는 탁월한 군사적 능력을 발휘해 로마 일대를 순식간에 장악하고 로마냐 공국을 세웠습니다. 공국은 공작이 다스리는 국가를 의미합니다. 체사레의 실력을 알아본 프랑스는 그에게 발렌티노 공작 작위를 선물하며 공국을 세우도록 지원했죠.

체사레 보르자와 마키아벨리의 만남

1502년, 체사레 보르자는 로마냐 공국의 성공에 만족하지 않고 여러 소국을 손쉽게 점령하며 세력을 확장하고 있었습니다.

그의 칼끝은 이제 피렌체를 향했죠. 공포에 휩싸인 피렌체 정부는 마키아벨리를 급히 체사레 보르자에게 보냈습니다. 이렇게 두 사람의 운명적인 만남이 이뤄집니다. 마키아벨리는 33세, 체사레 보르자는 27세였습니다.

마키아벨리는 외교관으로 체사레 보르자를 총 세 차례 만났습니다.

첫 번째는 체사레가 우르비노 지역을 점령하고 피렌체를 위협하던 시기였어요. 이때는 짧게 만나 협상을 진행했죠.

두 번째 만남에서는 체사레 보르자의 군주다운 역량에 매료되었습니다. 마키아벨리는 약 3개월 동안 체사레가 점령한 이몰라 지역에 머물며 그의 통치술을 세밀히 관찰했어요.

세 번째 만남은 체사레 보르자가 몰락해 가는 과정에서 이루어졌고, 마키아벨리는 로마에서 약 2개월간 그와 교류하며 그의 최후를 지켜보았습니다.

마키아벨리는 체사레 보르자와의 만남과 관찰을 바탕으로 피렌체 정부에 총 54건의 상세한 보고서를 제출했습니다. 이 보고서는 체사레 보르자의 정치적 역량과 통치 방식에 대한 귀중

다양한 형태의 국가가 존재했던 유럽

당시 유럽에는 다양한 형태의 국가가 존재했으며, 각 국가의 크기와 통치 방식도 크게 달랐습니다.

- **대국** : 넓은 영토와 강력한 군사력을 보유했으며, 왕권 중심의 통치 체제를 유지했습니다.

- **공국** : 공작이 통치하던 중간 규모의 국가로, 세습 군주제를 통해 권력이 계승되었습니다.

- **공화국** : 시민이나 대표가 통치하는 국가 형태로, 민주적 요소가 포함되었습니다. 예를 들어 피렌체 공화국은 자유와 시민의 참여를 중시한 공화정 체제였죠.

- **영주가 다스리던 소국** : 소규모의 영토를 기반으로 영주가 통치하던 소국. 주로 대국과 동맹을 맺거나 용병대장을 겸하며 생존을 도모했습니다.

이처럼 각기 다른 정치적 구조와 크기의 국가들이 공존했던 배경은, 마키아벨리가 《군주론》에서 다양한 통치 전략을 논하는 데 중요한 영감을 주었어요.

한 기록으로 남아 있습니다.

피렌체 침략을 막기 위해 체사레 보르자와 협상을 벌이던 어느 날, 피렌체 정부가 마키아벨리에게 특급 정보를 비밀리에 전달했습니다.

'체사레 보르자 휘하의 장군 4명이 쿠데타를 일으키려 한다.'

마키아벨리는 장군들의 능력을 분석한 뒤, 쿠데타가 성공할 가능성이 없다고 판단하고 이를 체사레 보르자에게 알렸습니다. 체사레는 이를 듣고 씨익 웃으며 고맙다고 했을 뿐, 의외로 신중하게 움직였습니다.

우선 체사레는 장군들을 한 명씩 만나 진심으로 용서를 구하는 태도를 보였습니다.

"죄송합니다, 장군님. 제가 아직 경험이 부족해서 많은 실례를 범했습니다. 앞으로 각별히 조심할 테니 너그러운 장군님께서 용서해 주시고, 저에게 많은 가르침을 주시길 부탁드립니다."

장군들은 체사레 보르자가 마음에 들지 않았지만, 교황의 아들로 막강한 권력을 갖고 있던 그가 진심으로 용서를 구하자 화를 풀었습니다.

〈체사레 보르자와의 와인 한 잔〉

영국 화가 존 콜리어가 1893년에 그린 작품으로, 체사레 보르자와 그의 동료들이 와인을 마시는
장면을 묘사했습니다. 가장 왼쪽에 앉은 그의 표정과 자세에서
자신감과 권력이 드러납니다.

이후 체사레는 장군들에게 화해의 만찬을 제안했죠. 그는 고급 음식과 와인을 준비해 장군들의 마음을 흡족하게 했어요. 화기애애한 대화가 한참 오가던 중, 체사레가 화장실에 다녀오겠다며 자리를 비웠습니다. 그때, 자객들이 순식간에 들이닥쳐 장군들의 목을 쳐버렸어요.

마키아벨리는 이 사건에서 체사레의 여우 같은 신중함과 잔인한 결단력을 확인했습니다.

공포와 지지를 동시에 얻는 통치술

체사레 보르자는 로마냐 지역을 정복하였으나, 토착 세력이 말을 듣지 않으면서 극심한 혼란을 겪었습니다. 그는 부하 중에서 머리가 좋으면서도 악랄한 면이 있는 레미로를 총독으로 파견했어요. 레미로는 잔인한 폭력으로 혼란을 단숨에 잠재웁니다. 그러나 그의 악독함으로 시민들의 원성은 자자했고, 그 원성은 체사레 보르자에 대한 증오로 바뀌고 있었죠.

이 소식을 들은 체사레는 말을 타고 쉼 없이 레미로에게 달려갔습니다. 그리고 레미로를 체포해 토막 낸 뒤, 그의 시체를 광장에 전시했어요. 아침이 되어 토막 난 레미로의 시체를 본 시민들의 반응을, 마키아벨리는 이렇게 기록했습니다.

시민들은 체사레 보르자에게 공포를 느끼면서도, 환호를 보냈다.

체사레 보르자는 레미로의 폭력을 활용해 시민을 제압하고, 레미로를 처형해 시민들의 마음을 얻었습니다. 그리고 한 가지 더! 레미로의 토막 난 시체를 전시함으로써, 공포를 심어 저항의 싹을 아예 잘라 버렸습니다. 마키아벨리는 잔인하면서 냉혹한 군주가 어떻게 통치를 하는지 전율을 느끼면서 관찰했습니다.

마키아벨리는 《군주론》에서 이렇게 말합니다.

내가 알기로 새로운 군주에게 줄 만한 교훈으로는 체사레 보르자의 행동에서 얻은 교훈보다 나은 사례가 없고… 공작의 모든 행적을 평가해 보면, 도저히 그를 비난할 수가 없다. 오히려 행운과 외세의 군대를 이용하여 권력을 얻은 다른 모든 이들보다 그를 모범으로 내세우기를 잘했다고 생각한다.

체사레 보르자의 몰락

1503년 8월, 교황 알렉산드르가 말라리아로 사망하면서 체사레 보르자의 권력도 흔들리기 시작했습니다. 마키아벨리는 정세를 파악하기 위해 로마로 가서 체사레를 만났습니다. 체사레는 자신만만하게 말했습니다.

"걱정 마시오! 아버지가 돌아가실 때를 대비해 여러 방안을

다 마련해 놓았으니."

하지만 체사레는 치명적인 실수를 저질렀습니다. 그의 최대 정적정치적인 적 율리우스 2세를 교황으로 지지한 것입니다. 교황이 된 율리우스 2세는 체사레 보르자를 스페인 감옥으로 보내며 그를 정치 무대에서 제거했습니다. 체사레는 감옥에서 탈출해 최후의 전투를 벌였지만, 결국 전사하고 말았습니다.

〈바티칸을 떠나는 체사레 보르자〉

주세페 로렌초 가테리가 1877년에 그린 작품으로, 체사레 보르자가 아버지의 죽음 이후
자신의 흔들리는 위치를 깨닫고 바티칸을 떠나는 순간을 묘사했어요.
비틀거리는 듯한 그의 자세가 권력 상실과 정치적 지위의 위태로움을 보여줍니다.

일찍이 한 인물에게 신이 한 줄기 빛을 비춘 적이 있다. 그러나 유감스럽게도 그 인물은 활동의 절정기에 운에게 버림받고 말았다.

《군주론》중

체사레 보르자가 《군주론》의 모델이 된 이유

마키아벨리가 《군주론》의 모델로 체사레 보르자를 선정한데는 몇 가지 이유가 있습니다.

첫째, 체사레 보르자는 이탈리아 반도를 통일하고, 강력한 국가를 건설하려고 했습니다.

당시 이탈리아는 여러 나라로 분리되어 있었고, 각기 다른 통치 구조를 가진 나라들이 공존했었죠. 이러한 분열 때문에 이탈리아의 국가들은 외세의 침략에 취약할 수밖에 없었어요.

그래서 체사레는 돈에 의존하는 용병 대신, 자체 군대를 키우기 위해 지속적인 노력을 기울였습니다. 마키아벨리는 체사레의 자주국방 의지를 아주 마음에 들어 했어요. 마키아벨리의 꿈은 피렌체가 프랑스와 스페인처럼 자체 군대를 갖는 것이었거든요.

자체 군대가 없었던 피렌체는 돈을 주고 여러 나라 사람을 용병으로 고용했는데, 실제 전쟁 시 용병들은 적극적으로 명령을 따르지 않았습니다. 전쟁 중에 월급이 밀리면 돈을 줄 때까지 한 발짝도 움직이지 않았죠.

마키아벨리는 용병에 의존하는 피렌체의 현실을 비판하며, 가족과 국가를 지키려는 의지가 강한 자국민으로 구성된 군대의 중요성을 강조했습니다. 그리고 매일 전쟁에 시달리던 이탈리아가 통일되길 원했습니다.

물론 마키아벨리는 시민들이 자유롭게 정치에 참여할 수 있는 공화국을 이상적인 체제로 생각했어요. 하지만 그는 현실적인 문제도 간과하지 않았습니다. 강한 군대와 강력한 지도력이 없다면 외세의 침략으로 공화국이 무너질 수 있다는 것을 잘 알고 있었죠.

그래서 마키아벨리는 지속 가능한 공화국을 만들기 위해선 먼저 외부 위협으로부터 국가의 생존을 보장하는 것이 가장 중요하다고 보았던 겁니다.

둘째, 체사레 보르자는 사자와 여우의 자질을 동시에 지닌 군주였습니다. 그는 사자처럼 용맹하게 적을 제거할 줄 알았고, 여우처럼 신중하게 기회를 기다리며 상대를 제압하는 교활함도 갖추고 있었습니다. 마키아벨리는 수많은 군주를 만나며 사자의 용맹함과 여우의 교활함이 없는 군주는 결국 국가를 잃고 국민에게 고통을 준다는 것을 목격했습니다.

그러나 마키아벨리가 체사레 보르자를 무조건 긍정적으로 평가한 것은 아닙니다. 그의 잔인함과 일관적이지 못한 통치를 비판하기도 했죠.

다만, 마키아벨리는 체사레 보르자를 통해 이상적인 군주가 아니라 현실적인 군주의 자질을 제시하고자 했습니다. 동시에 그의 실패를 통해 군주에게 정치의 어려움과 복잡성에 대한 교훈을 주려 했죠.

마키아벨리, 피렌체 역사 최초로 군대를 만들다

마키아벨리는 외교관으로 유럽 여러 나라를 다니며, 피렌체가 겪는 위기의 근본 원인이 '군대가 없는 것'이라는 결론을 내렸습니다. 심지어 교황조차 자체 군대를 보유하고 있었죠.

당시 이탈리아인들은 르네상스와 상업의 발달로 문화와 경제에 대한 자부심이 컸지만, 프랑스가 강한 군대를 기반으로 자주 침략해 오자 큰 좌절감을 느끼고 있었습니다. 게다가 이탈리아를 둘러싼 강대국들은 오랜 기간 동안 강력한 군사력을 유지하고 있었죠. 마키아벨리는 용병에 의존하지 않고 자국민으로 구성된 군대를 창설해 자주국방을 실현하려 했습니다.

프랑스가 이탈리아를 자기 땅으로 만들려는 야망을 드러내고, 교황이 자신의 권력을 키우려는 욕심을 점점 더 드러내자 마키아벨리는 피렌체 대통령 소데리니를 찾아갑니다. 그는 대통령 비서관으로서 언제든 대통령을 만날 수 있었죠.

"대통령님! 이제는 정말 군대가 필요한 시점이 왔습니다. 프랑스의 힘은 군대에서 나오는 겁니다. 그러나 피렌체는 우리의 운명을 용병들에게 맡겨 놓고 있어요. 그들은 돈을 주지 않으면 한 발짝도 움직이지 않죠. 그게 무슨 군대입니까?

지난번 피사와의 전쟁은 다 이긴 전쟁이었는데, 용병대장이 꿈쩍도 않는 바람에 실패하고 말았지요. 특히, 지금은 프랑스를 방어하기 위해서라도 하루빨리 군대를 창설해야 합니다."

소데리니는 마키아벨리의 의견에 동의하면서도 신중한 태도를 보였습니다.

"나도 자네 생각에 동의하네! 하지만 군대를 만든다고 하면 귀족은 물론 시민들조차 독재를 우려할 게 뻔해. 우선 자네가 군대가 필요한 이유를 논리적으로 설명하는 글을 써 보게. 그걸 가지고 반대하는 세력을 설득해 보겠네!"

피에로 소데리니의 초상
기를란다요의 1550년 작품

그렇게 탄생한 논문이 〈조금의 서론과 사정을 적은 자금 준비에 관한 제언〉입니다. 제목만 보면 군대 창설과 무관해 보이지만, 본문에는 군대의 필요성이 설득력 있게 담겨 있었어요. 반대 여론을 최소화하기 위해 제목을 애매하게 설정하는 전략을 선택한 것입니다. 과격하게 추진하면, 반발도 과격한 법이니 대통령과 마키아벨리가 꾀를 낸 셈이죠. 내용을 볼까요?

국가는 군사력이 없으면 존속할 수 없다. 그런 나라는 곧 최후를 맞는다. 최후란 파괴당하거나 식민지가 되는 것이다. 만일 여러분이,
"우리가 왜 군대가 필요한가?
피렌체는 프랑스가 보호해 주고 있지 않은가?
체사레 보르자가 공격해 올 위험도 없지 않은가?"라고 말한다면 나는 그런 생각은 한심하다고 말하겠다. 역사를 보면 용병에게 국방을 모두 맡겨 놓고, 국가의 안전을 유지한 국가는 없었다.

군인을 모집하러 방방곡곡을 다니다

그즈음 소데리니는 종신 대통령이 되었습니다. 그는 자신의 권력을 유지하기 위해서라도 군대가 필요함을 느끼고, 추기경이었던 동생을 활용해 피렌체의 종교계와 상류층을 서서히 움

직였어요. 특히 소데리니의 동생은 마키아벨리가 주장한 자주 국방론에 대해 감동을 받고 전폭적으로 지지해 주었습니다.

1505년, 마침내 피렌체 정부는 군대 창설을 공식적으로 추진하기로 했습니다. 그렇다고 해서 지금처럼 시민들에게 병역의 의무가 있었던 것은 아니죠. 대통령은 군인을 모으는 것도 마키아벨리한테 떠넘겼습니다.

하지만 마키아벨리는 그것만으로도 충분했습니다. 그는 발에 땀이 나도록 피렌체 시골을 뛰어다니며 병사를 모집했어요.

많은 사람이 그에게 말했습니다.

"마키아벨리! 포기하게! 피렌체에는 몇백 년 동안 군대가 없었는데, 자네가 뛰어다닌다고 누가 군인을 자원하겠나?"

그러나 마키아벨리는 '이런 기회는 다시 오지 않는다'는 걸 알았고, 역사가 우연히 준 기회를 낚아채고 싶었어요. 결국 그는 해냈습니다.

1506년 2월 15일, 피렌체 청사 앞 시뇨리아 광장에서 마침내 군대 창설식이 거행됐습니다. 당시 기록 작가였던 루카 란드치는 창설식을 지켜보고 다음과 같이 기록했습니다.

오늘 시뇨리아 광장에서 피렌체 군대 창설식이 있었다. 농민으로 구성된 400명의 보병이 사열을 하였다. 그들은 하얀 베레모를 쓰고, 긴 창을 들었다. 일부 군인은 소총을 들었다. 지휘관은 병사들에게 총을 다루는 방법과 전투하는 방법을 교육한다고 말했다. 이들은 예비군이다. 평소에는 일을 하다가, 위기 상황이 발생하면 징집된다. 이런 방법을 확장하면 피렌체에 수천 명의 군인이 생길 것이다. 피렌체 역사에 처음 있는 일이다.

마키아벨리는 루카 란드치가 말했듯이 피렌체 역사에서 처음으로 군대를 창설한 인물이 되었습니다. 피렌체의 군대는 공화국의 군대로서 다른 나라를 침략하거나 권력자를 위해 복무하는 것이 아니었습니다. 자기 가족과, 자기 마을과, 자기 나라와, 자유를 지키기 위해 자발적으로 생겨난 군대였습니다.

피렌체 군대의 최고 지휘관은 대통령이었지만, 대통령을 최고 지휘관으로 만들어 준 사람은 마키아벨리였습니다. 마키아벨리의 꿈은 그렇게 현실이 되었습니다.

최악의 시련기에 탄생한《군주론》

1512년 8월, 스페인 군대가 피렌체가 다스리던 프라토시이탈

리아 토스카나 지역에 위치한 도시로, 피렌체에서 북서쪽으로 약 15킬로미터 거리에 접근

해서 도저히 받아들일 수 없는 2가지를 요구했습니다. 스페인

군대의 뒤에는 메디치 가문이 있다는 소문이 파다했죠.

첫째, 스페인 군대의 유지비로 10만 두카토를 지불할 것.

둘째, 피렌체 대통령을 교체할 것.

메디치 가문은 항상 피렌체를 다시 손아귀에 넣고 싶어 했습

니다. 그러나 이제는 예전의 허약한 피렌체가 아니었죠. 그즈음

마키아벨리가 창설한 군대는 1만 명에 육박했고, 프라토시에도

4백 명의 병력이 주둔하고 있었습니다. 스페인은 프라토시 근처

에 5천 명의 병력을 배치했지만, 피렌체 정부는 해 볼 만하다고

판단했습니다.

전투 그리고 메디치 가문의 귀환

피렌체 정부가 스페인의 요구를 거부하자, 스페인 군대는 프라토시를 공격하기 시작했습니다. 피렌체 군대는 용감히 맞섰고, 맹렬한 전투가 벌어졌습니다.

그러나 시간이 지나면서 프라토시는 함락되고 전세는 급격히 스페인 쪽으로 기울었습니다. 농민으로 구성된 피렌체 군대는 용감했지만, 전투 경험이 부족했던 것이 결정적이었습니다.

결국 피렌체는 전군 병력의 절반에 가까운 4천 명을 잃으며 전의를 상실했습니다. 정권은 붕괴되었고, 메디치 가문은 다시 피렌체로 돌아왔죠.

루카 란두치는 그날을 이렇게 기록했습니다.

소데리니 대통령은 메디치 가문으로 구성된 사절단과 만나서 정권 이양에 관한 협정을 맺었다. 대통령은 '피렌체 시민을 힘들게 해서는 안 된다. 내가 떠나겠다'고 말하고 피렌체를 떠났다.

메디치 가는 정권을 잡고, 비교적 온건한 잔바티스타 리돌피를 대통령으로 들러리 세우고, 뒤에서 조종했습니다.

1512년 11월 7일, 마키아벨리에게 명령문이 전달되었어요.

제2서기국 서기장 파면

대통령 비서관 파면

'평화와 전쟁 10인 위원회' 비서관 파면

1년 동안 피렌체시 추방

1년 동안 피렌체 청사 출입 금지

1,000 두카토 벌금(10년 치 월급)

마키아벨리는 모든 걸 잃고, 몇 가지의 짐을 챙겨 청사에서
나왔습니다. 그는 하염없이 걸으며 아내와 아이들에게 이 상황
을 어떻게 설명할지 고민했습니다. 벌금으로 책정된 10년 치 월
급은 다행히 친구 3명이 대신 납부해 주었습니다. 마키아벨리는
그 돈을 낼 만한 재산이 없었죠. 이후 그는 가족과 함께 피렌체

외곽 산탄드레아 농장으로 이주했습니다.

그러나 시련은 끝나지 않았습니다. 새로운 정부는 마키아벨리가 서기장 시절, 공금을 횡령했다고 고발했습니다. 치욕스럽게도 그를 조사한 사람들은 과거 그의 부하들이었죠. 4주 동안 철저한 조사를 하고 내린 결론은 '공금횡령 없음'이었고, 오히려 받지 못한 출장비를 지급받고 우습게 끝나 버렸습니다.

1513년 2월 19일, 피렌체 정부는 긴급 수배령을 내렸습니다. '마키아벨리의 소재를 파악하고 있는 자는 1시간 이내에 신고할 것. 이를 어기는 자는 전 재산 몰수형에 처할 것임.'

이게 무슨 날벼락일까요? 메디치 가를 반대하던 세력이 꾸민 어설픈 쿠데타 명단에 마키아벨리가 있었던 것입니다. 사실 그 명단은 쿠데타 참가자가 아니라, 메디치 가로부터 파면된 사람들이 쿠데타에 찬성할 거라 보고 나중에 포섭할 사람들을 적은 명단이었습니다.

아무것도 모르고 긴급 체포된 마키아벨리는 감옥에 수감돼 '날개 꺾기' 고문을 받고 어깨가 망가졌습니다. 다행히 교황이 된 조반니 데 메디치가 대사면을 선포하면서 석방되었죠. 마키아벨리는 대사면 명단에 자신을 넣어준 친구 베토리에게 이렇게 감사의 편지를 썼습니다.

날개 꺾기 고문을 묘사한 그림
1633년 자크 칼로의 작품

"내가 이 고난을 어떻게 정면으로 이겨냈는지 스스로 대견하단 생각이 들어. 이번 일로 내가 꽤 괜찮은 사람이라는 생각이 들었어. 고맙네, 친구."

유배지에서의 삶과 새로운 시작

피렌체에서 추방당한 마키아벨리에게 산탄드레아 농장은 유배지와 같았습니다.

산탄드레아는 고지대라 피렌체 시내가 한눈에 다 보였죠.

피렌체의 정경 : 멀리 우뚝 솟은 베키오 궁전의 모습

베키오 궁전은 피렌체 공화국의 정부가 위치한 정치와 행정의 중심지였습니다.
제2서기국 서기장으로서 마키아벨리의 사무실 또한 이곳에 있었죠.

마키아벨리는 자신이 일했던 베키오 궁전을 보면서 재기를 노렸습니다. 그의 나이 마흔세 살, 아직 은퇴하기에는 너무 젊은 나이였습니다.

그는 새로운 군주에게 헌정할 책을 쓰기로 마음을 먹고, 베토리에게 자신의 일상생활과 《군주론》 작성에 대한 편지를 보냈습니다.

"나는 시골집에 있네. 새벽에 일어나 지빠귀를 잡았어. … 숲에서 나오면 책을 한 권 들고 옹달샘으로 가지. 단테와 같은 시인들의 책이야. 시인들의 사랑을 읽으면 그 생각들로 잠시나마 행복해진다네. 그런 다음 술집에 가지. 거기서 행인들과 잡담을 나누고, 그 사람들이 살던 지역 소식을 물어보고 여러 가지 것들에 대해 배우며, 인간을 관찰해. 그 다양한 기호, 다채로운 심미안을 말이야.

… 저녁이 되면 집으로 돌아와 서재에 들어가 먼지로 뒤덮인 작업복을 벗고 궁정 예복으로 갈아입는다네.

그리고 고대인들의 유서 깊은 궁정으로 발을 들여놓고, (소크라테스와 같은) 고대인들과 스스럼없이 대화를 나눠. 그들에게 왜 그런 행동을 했는지 물어보면 그들은 친절하게도 내게 대답을 해줘. … 나는 고대인들과 나눈 대화를 《군주론》이라는 제목의 논문으로 작성하고 있네. '군주국이란 무엇인가? 어떤 종류가 있는가? 어떻게 하면 획득할 수 있는가? 어떻게 하면 보전하고, 상실하는가?'에 대해 알려주는 논문이지.

《군주론》을 읽으면 내가 15년 동안 자지도 않고 놀지도 낳고 정치의 기술을 연구했다는 것을 알게 될 것인데, 이런 경험은 누군가가 유용하게 써야 하지 않겠는가?"[4]

1514년 1월, 마침내 마키아벨리는 《군주론》을 완성합니다. 1513년 8월에 쓰기 시작하여 5개월 만에 르네상스 시기 최고의 명저가 탄생한 것입니다.

그러나 그때는 《군주론》에 대해 주목하는 이가 없었고, 심지어 마키아벨리의 친한 친구들조차 외면했죠. 당연히 그가 간절히 원했던 서기장 복귀는 불가능했습니다.

마키아벨리의 안식처, 루첼라이의 정원

마키아벨리는 늘 긍정적으로 미래를 생각하는 사람이었습니다. 《군주론》이 실패하자, 《로마사 논고》, 《전략론》 등 다른 책을 줄기차게 써 내려갔죠.

그러던 1516년의 어느 날, 피렌체의 20대 청년 코시모 루첼라이가 그를 '루첼라이의 정원'으로 초대하면서 그의 삶은 새로운 전환점을 맞았습니다.

루첼라이 가문은 피렌체의 대표적인 상업 귀족 가문으로 예술과 인문학의 열렬한 후원자였습니다. 그 가문의 별장은 아름답고 드넓은 정원으로 유명했는데, 피렌체에서 가장 지적인 인문학 모임이 열리던 장소이기도 했죠. 그곳 회원들은 지성을 갖춘 피렌체 명문가의 청년들이었습니다. 마키아벨리는 그곳에서 눈을 반짝이며 배움에 대한 열정으로 가득 찬 청년들과 어울리면서, 자신의 지식과 경험을 나누었습니다.

청년들에게 열렬한 지지를 받으며 그는 활력을 얻고, 실직과

아름다운 정원으로 유명했던 루첼라이 가문의 별장

출처 : commons.wikimedia.org

고문의 상처를 극복할 수 있었습니다. 마키아벨리가 그 청년들을 얼마나 아끼고 존중했는지는 《로마사 논고》 헌정사에 잘 나와 있습니다. 《로마사 논고》는 1513부터 1517년까지 마키아벨리가 혼신의 힘을 기울여 쓴 대작입니다.

마키아벨리가 코시모 루첼라이와 차노비 부온델몬티에게 선물 하나를 바칩니다. … 저는 여러 곳에서 오류를 범했지만, 적어도 한 가지는 결코 오류를 범하지 않았습니다. 그것은 이 책을 헌정해야 할 사람으로 다른 누구보다도 두 분을 선택했다는 사실입니다.

그리고 의미심장한 말을 덧붙입니다.

통상 책을 쓰는 자들이 야심과 탐욕에 눈이 어두워 자신들의 책을 항상 어떤 군주에게 바칩니다. 나아가 군주의 비난받아야 할 인성을 책망하는 대신, 군주가 지닌 좋은 인성을 찬양만 합니다.
저는 이러한 오류를 범하지 않기 위해 저에게 관직이나 명예를 안겨 줄 수 있는 군주가 아니라, 그럴 능력은 없지만 좋은 인성으로 마땅히 군주가 되어야 할 분을 선택했습니다.

마키아벨리는 그토록 아끼던 《로마사 논고》를 권력이 있는 군주가 아니라, 권력이 없는 청년들에게 헌정했습니다. 그는 피렌체의 희망과 미래를 청년들에게서 보았던 것입니다. 이제 피렌체를 호령하고 싶었던 야심과 탐욕은 과감하게 내려놓은 그는 청년들과의 교류를 통해 진정한 지식의 가치를 느꼈습니다.

1518년, 루첼라이의 정원에서 활력을 찾은 마키아벨리는 연극 〈만드라골라〉를 쓰고, 극장에서 막을 올립니다. 〈만드라골라〉는 '임신을 하지 못하는 부인을 임신시켜 준다는 가짜 약을 이용해, 교활한 청년이 늙은 남편을 속이고 아내를 차지하는 이야기'입니다. 당시 사회의 위선과 인간의 욕망을 코믹하면서도 날카롭게 비판하고 있습니다.

아이러니하게도 혼신의 힘으로 쓴 《군주론》과 《로마사 논고》는 인기가 없었지만, 재미로 가볍게 쓴 〈만드라골라〉는 그야말로 대박을 칩니다.

대본은 책으로 엮어 피렌체는 물론이고 베네치아와 로마에서까지 출판되었죠. 연극은 피렌체에서 시작해 베네치아에서 크게 흥행하고, 로마에서는 교황이 지켜보는 데서 공연했다고 해요. 장난기 많은 마키아벨리는 이후 자기를 '역사가, 희극작가, 비극작가'로 소개했다네요.

그의 명성은 피렌체 정부를 움직였습니다. 메디치 가문의 후예인 교황 클레멘스 7세는 마키아벨리에게 피렌체 역사를 써 달라고 요청을 하죠. 누구보다 애국심이 강했던 마키아벨리는 매우 명예로운 일이라고 생각하면서 《피렌체사史》 집필을 시작합니다.

1522년, 《피렌체사》 집필에 몰입하고 있던 마키아벨리는 충격에 빠집니다. 루첼라이의 청년들이 피렌체 권력자인 줄리오 데 메디치를 살해하려다가 실패해 처형당했다는 소식을 들었던 것입니다. 이후 마키아벨리는 죽을 때까지 이들에 대해 말하지 않았는데, 그의 정신적 고통과 상처가 얼마나 깊었는지 짐작할 수 있습니다.

마키아벨리와 르네상스의 종말

1526년 5월, 프랑스, 로마, 베네치아, 밀라노, 피렌체로 구성된 코냑 동맹이 신성로마제국독일과 스페인의 연합군에 맞서기 위해 결성되었습니다.

그러나 1527년, 신성로마제국의 황제 카를 5세가 로마로 진격하며 동맹은 무너지기 시작했습니다. 마키아벨리는 교황의 요청으로 피렌체 방어를 맡아 '5인 성벽관리위원회' 서기장으로 임명되었습니다.

그는 초인적인 노력으로 군대를 결성하고 성벽을 보수했습니다. 그러나 코냑 동맹의 군사적 준비 부족과 각국의 이기적인 전략, 여기에 신성로마제국과 스페인의 강력한 공격이 더해져 결국 방어는 실패로 끝나 버렸습니다. 로마는 약탈당했고, 교황은 큰 타격을 입었죠. 교황의 출신 가문인 메디치 가는 피렌체에서 영구 추방당했습니다. 그 광경을 지켜보던 마키아벨리는 사표를 제출하고 집으로 돌아왔습니다.

자기가 가진 모든 힘을 쏟아부어 초인적으로 전쟁 준비를 했던 마키아벨리는 패전의 충격으로 급격하게 건강이 악화되어 일어나지 못했습니다. 가족들은 마키아벨리의 죽음을 직감하고, 그의 친구들에게 알렸어요.

병석에서 자신을 걱정스럽게 바라보고 있는 친구들에게 마키아벨리는 간밤에 꾼 꿈 이야기를 들려주었습니다.

"어젯밤 꿈에 병들어 초라하고 불쌍한 사람들을 보았어. 내가 당신들은 누구냐고 물었지. 그들은 '우리는 천국의 축복받은 사람들'이라고 대답했어.

시간이 조금 지나고 이번에는 궁정의 예복을 입은 고상한 사람들이 무리 지어 나타났지. 자세히 보니 그들은 플라톤, 플루타르코스와 같은 고대의 유명한 석학들이었어. 그들은 무척 피곤한 표정으로 국가의 대사를 논의하고 있었어. 그래서 내가 당신들은 누구냐고 또 물었지. 그들은 '지옥에 떨어진 영혼들'이라는 거야.

그런데 갑자기 하늘에서 '너는 누구와 함께 있고 싶으냐?'고 나에게 묻더군. 그래서 나는 '천국보다 고귀한 영혼들과 국가의

피렌체 산타 크로체 성당에 위치한 마키아벨리의 묘비

묘비명에는 이렇게 적혀 있습니다.
'그 어떤 찬사도 이토록 위대한 인물을 찬양할 수는 없을 것이다.'

대사를 논하면서 지옥에 있기를 원합니다'라고 대답했어."[5]

그렇게 말하고 마키아벨리는 눈을 감았습니다. 그는 죽으면
서까지도 국가를 위해 일하기를 갈망했고, 그곳이 불타는 지옥
일지라도 그 길을 선택했습니다.

1527년 6월 22일, 마키아벨리는 산타 크로체 성당에 묻혔습
니다.

당시 열세 살이었던 넷째 아들 피에로 마키아벨리는 친척들에게 편지로 아버지의 죽음을 알렸습니다. 피에로의 편지는 이렇게 시작됩니다.

"우리 아버지가 돌아가신 것을 알려 드리려고 하니까 자꾸만 눈물이 나서 못 견디겠어요."

마키아벨리가 사망하고 3년이 흐른 1530년 8월, 피렌체 공화국은 멸망합니다. 르네상스도 그렇게 종말을 고했습니다.

02

세상에서 가장 도발적인 고전, 《군주론》

독재자들이 사랑한? 아니, 오해한 《군주론》!

《군주론》은 읽을수록 신기한 책입니다. 무려 500년 전에 쓰였는데도, 요즘 세상 이야기를 하는 것처럼 들릴 때가 있죠. 책 제목 그대로, 군주리더가 어떻게 권력을 잡고 유지할 수 있는지를 조언하는 내용이어서, 정치가들에게 큰 영향을 미쳤습니다.

어떤 정치가들은 이 책을 보고 나라를 안정시키고 국민을 잘 살게 했지만, 또 다른 정치가들은 이 책을 무서운 독재와 전쟁에 이용해 버렸어요. 《군주론》이 논란의 중심이 된 가장 큰 이유 중 하나입니다.

지금까지는 《군주론》을 이해하기 위해, 이 책이 나온 시대와 마키아벨리라는 인물에 대해 알아봤습니다. 이제부터 왜 많은 사람이 이 책을 오해했는지 살펴보려 해요. 먼저 독재자들이 이 책을 어떻게 자기 입맛대로 해석했는지 볼까요?

《군주론》, 독재자들을 사로잡다

근대 유럽의 역사는 나폴레옹이라는 인물이 문을 열었다고 해도 과언이 아닙니다. 그는 1789년 프랑스혁명 당시 군인으로 참여해 시민들과 왕정을 무너뜨린 다음, 스스로 황제의 자리에 올랐습니다. 시민들은 "왕정 타도"를 외쳤는데, 결과적으로 더 강력한 왕정을 만난 셈이죠.

전쟁광이자 독서광이었던 나폴레옹은 《군주론》을 유독 좋아했다고 해요. 전쟁터로 향하는 말 위에서도 책을 읽던 그는 《군주론》을 손으로 필사할 만큼 애정했답니다. 실제로 그가 남긴 명언을 보면 《군주론》에 나오는 말과 비슷한 부분이 많아요.

"사람은 덕보다 악으로 더 쉽게 지배된다."
"약속을 지키는 최고의 방법은 약속하지 않는 것이다."

20세기 최악의 독재자 히틀러도 침대 머리맡에 《군주론》을 두고 탐독했다고 전해집니다. 그러나 히틀러는 자신이 보고 싶은 구절만 보고, 나머지는 무시했어요.

마키아벨리는 정치 현실의 냉혹함을 강조하면서도, 국민 지지도와 장기적 안정을 매우 중요하게 여겼습니다. 하지만 히틀러는 《군주론》의 일부분만 가져가 자신을 정당화했죠. 그 결과 인류 역사의 가장 참혹한 대학살로 이어졌습니다.

그의 말을 들어보시죠.

"살해하고, 파괴하고, 약탈하고, 거짓말하라! 승리만 하면 아무도 왜냐고 묻지 않는다."

"대중은 작은 거짓말보다 큰 거짓말을 믿는다."

이탈리아의 독재자 무솔리니는 볼로냐 대학에서 아예 《군주론》을 주제로 박사 학위까지 받았습니다. 그는 파시즘강력한 국가주의·민족주의·독재을 만들고, 1922년부터 1943년까지 이탈리아에서 장기집권한 인물입니다.

무솔리니는 《군주론》에 나오는 '강력한 리더십'과 '목적을 위한 수단의 정당화' 등 일부 개념을 자기 식으로 해석해, 파시즘 이데올로기에 억지로 끼워 넣었어요. 그는 평소에 이런 무시무시한 말을 했습니다.

"모든 것은 국가에 있으며, 국가밖에는 어떤 것도 존재하지 않는다."

"백 년을 양으로 사느니, 하루를 사자로 사는 게 낫다."

그러나 독재자들의 최후는 참혹했습니다. 나폴레옹은 워털루 전투에서 패해 외딴섬에 유배되었고, 히틀러는 궁지에 몰려 벙커에서 자살했으며, 무솔리니는 탈출 시도 중 체포당해 결국 총살되었어요. 죽은 후에도 거꾸로 매달린 채 시민들의 조롱을 받았죠.

《군주론》에서 자신이 보고 싶은 것만 보았던 독재자들의 말로는 참혹한 죽음으로 끝이 났습니다.

독재자들은 《군주론》을 권력을 획득하고 유지하기 위한 도구로 악용하고, 비도덕적인 행위를 정당화하는 근거로 삼았습니다.

외딴섬에서 외로운 최후

나폴레옹 보나파르트 1769~1821년

집권 1804~1815년 (프랑스 제1제국 황제)
특징 프랑스혁명 참여 → 스스로 황제가 됨
최후 1815년 워털루 전투 패배, 무인도 (세인트헬레나)
　　　 유배 후 쓸쓸한 사망

아돌프 히틀러 1889~1945년

집권 1933~1945년 (독일 나치 정권 수립)
특징 2차 세계대전, 홀로코스트 등
최후 1945년 소련군에게 포위 → 벙커에서 자살

자신이 만든 비극을
자신도 피하지 못한 최후

베니토 무솔리니 1883~1945년

집권 1922~1943년 (이탈리아 파시즘 창시)
특징 절대 독재, 파시즘 전파
최후 1945년 탈출 중 체포 → 총살, 거꾸로 매달림

민중의 분노로 참혹한 최후

독재자들의 최후: 어떻게 끝났을까?

마키아벨리는 《군주론》에서 이렇게 말합니다.

군주는 되도록 선한 것에서 벗어나지 말아야 하지만, 필요한 경우
에는 악을 행할 줄도 알아야 한다.

여러분은 이 말이 어떻게 해석되나요?

마키아벨리는 "군주는 되도록 선한 것에서 벗어나지 말아야"라며 군주의 선한 행위가 우선 되어야 한다고 분명히 말합니다. 그리고 선한 행위를 하기 위해 "필요한 경우에는 악을 행할줄도 알아야 한다"고 강조하죠.

여기서 마키아벨리가 말하는 군주의 선한 행위는 단순히 착한 행동이 아니라, '국가와 국민의 이익'을 위한 행동입니다. 즉, 군주는 국익을 위해서라면 '착한 거짓말'을 할 필요도 있다는 거

잠깐!

파시즘이란 무엇일까?

파시즘Fascism은 민주주의와는 반대로 국민의 자유를 억압하며, 독재자의 절대 권력을 통해 국가를 운영하려 했던 이데올로기입니다. 20세기 초반 이탈리아에서 등장하여, 강력한 국가와 지도자를 중심으로 국가를 통합하려 했어요. 민주주의와 개인의 자유를 거부하고, 모든 것이 국가를 위해 존재한다고 주장했죠.

죠. 그러나 독재자들은 앞의 말은 잘라버리고, "군주는 악을 행할 줄 알아야 한다"는 부분만 밑줄 치고, 암기했습니다.

그래서 《군주론》을 읽을 때는 정신을 바짝 차리고, 마키아벨리의 말에 귀 기울이면서 그 속뜻을 곱씹어 보아야 합니다.

인문고전의 진정한 힘은 사람마다 다르게 해석할 수 있다는 점이죠. 그런 측면에서 《군주론》은 정답이 없는 책이라고 할 수 있어요. 마키아벨리는 이렇게 예언하듯 말했습니다.

이 책은 부당한 오해와 더불어 마르지 않는 경탄의 보고가 될 것이다.

워낙 현실 정치의 복잡하고 까다로운 면을 가감 없이 보여주기 때문에, 사람들이 이 책을 '오해'하기 쉽다는 점을 미리 짚은 표현이에요. 동시에, 그만큼 이 책에 담긴 통찰이 놀라워서 '끊임없는 경탄감탄'을 불러일으킬 거라고도 본 겁니다.

즉, 《군주론》은 제대로 이해하지 않으면 독재자들이 악용하듯 '오해'로 치우치기 쉽고, 반대로 깊이 읽으면 '마르지 않는' 지혜를 계속 발견하는 '보물창고보고, 寶庫'가 되리라는 뜻입니다.

《군주론》은 어떤 책일까?

《군주론》은 헌정사부터 시작해서, 1장부터 26장까지 군주가 갖춰야 할 자질과 통치 방법에 대해 다양한 주제를 다루고 있습니다. 이 책은 크게 5부로 구분할 수 있습니다.

1부 '헌정사'라고 불리는 서문에서는 마키아벨리가 이 책을 쓴 이유가 드러납니다.

2부 1장부터 11장에서는 군주국나라을 어떻게 세우고 다스릴지를 다루죠.

3부 12장부터 14장에서는 군대 종류와 군주가 군대를 위해 해야 할 일들이 나오고,

4부 15장부터 25장까지는 이 책에서 가장 중요하다고 꼽히는, 군주가 꼭 갖춰야 할 역량과 통치술을 설명합니다.

5부 마지막으로 26장에서는 앞에서 한 이야기를 모두 종합해, 피렌체의 새 군주인 로렌초에게 '군대를 결성하여 이탈리아를 통일해 달라'는 강렬한 염원을 전합니다.

그렇다면, 마키아벨리는 왜 《군주론》을 썼을까요? 그가 군주론을 쓴 이유는 헌정사에 정확히 나와 있어요. 하지만 그건 표면적인 이유이고, 책을 자세히 읽어 보면 그 안에 숨겨진 이유가 더 있습니다.

첫째, 헌정사에 분명하게 나와 있듯이, 마키아벨리는 피렌체 정부에서 다시 공직자로 일하기 위해 《군주론》을 썼습니다.

마키아벨리는 피렌체 정부에서 15년 동안 외교업무를 담당하다가, 새로운 권력자에 의해 쫓겨났죠. 그래서 자신이 가진 국가 경영에 대한 지식과 지혜를 《군주론》에 담아서 새 군주에게 전달하려 했어요.

한 마디로, '나 이렇게 똑똑하고 많이 알아요. 당신이 국가를 운영하고 권력을 유지하는 데 내가 필요할 테니 나를 써주세요' 라고 애원하는 책이라는 겁니다.

둘째, 피렌체 군대를 재결성하기 위해서입니다.

마키아벨리는 피렌체의 국방력이 약한 이유를 군대가 없기 때문이라고 생각했습니다. 당시 이탈리아의 많은 군주가 자체 군대를 결성하지 않고, 돈을 주고 용병을 부렸는데 이러한 관행이 나라 힘을 약하게 만든다고 봤어요. 따라서 그는 '국가와 군주의 힘은 군대에서 나온다'는 것을 계속 강조합니다.

그런데 마키아벨리가 피렌체 역사 최초로 결성했던 군대는 스페인과의 전쟁에서 패배해 해체되었죠.

사실 그는 전쟁에서 패한 것보다 군대가 사라진 것이 더 괴로웠어요. 전쟁은 또 하면 되지만, 군대는 다시 만들기 정말 어렵다는 것을 직접 경험했으니까요. 그만큼 그는 군대를 만드는 데 진심이었답니다.

셋째, 마키아벨리는 이탈리아를 통일하고 싶었습니다.

당시 이탈리아는 밀라노, 피렌체, 교황령, 베네치아, 나폴리 등의 5개국으로 쪼개져 힘이 분산되어 있었죠. 반면에 국경을 맞댄 프랑스, 신성로마제국, 스페인, 튀르키예는 단일 국가로 힘을 과시하면서 수시로 이탈리아를 침략했어요.

마키아벨리는 《로마사 논고》에서 읽었던 강력한 로마제국을 떠올리며, 옛날처럼 통일된 이탈리아를 꿈꾸었습니다. 피렌체의 새로운 군주 로렌초는 이탈리아에서 가장 영향력 있던 메디치 가문이었기에 이탈리아를 하나로 뭉칠 수 있으리라 기대했죠.

넷째, 피렌체에 자유로운 공화정을 건설하길 원했습니다.

피렌체는 공화정에 대한 뿌리 깊은 역사와 전통을 갖고 있었습니다. 지금 한국처럼 모든 시민이 투표에 참여한 것은 아니었지만, 피렌체는 국회의원들이 투표로 대통령을 선출하는 간접 민주주의를 채택하고 있었습니다. 마키아벨리도 국회의원들의 투표로 서기장에 선출되었죠.

하지만 메디치 가문은 왕처럼 군림하며 그 전통을 무시했어요. 이에 마키아벨리는《군주론》을 통해 '강력한 군주가 이끄는 과도기를 거쳐 언젠가는 공화정으로 돌아가야 한다'는 생각을 은근히 내비쳤습니다.

다섯째, 현실 정치에 관해 직설적으로 알려주고 싶었기 때문입니다.

플라톤은 그가 쓴《국가》에서 이상적인 국가를 구현하기 위해 완벽하게 윤리적인 군주를 이야기하는데, 현실과 너무 동떨어지잖아요.

마키아벨리는 이상적인 정치보다는 현실적인 정치를 강조합니다. 그는 '인간은 본성이 악하고, 권력에 대한 욕망이 강하다'는 전제 아래, 군주가 실제로 어떻게 권력을 유지할 수 있는지를 구체적으로 분석했습니다.

여섯째, 시민들에게 군주의 사악함을 알려 주려고 썼다는 의견도 있습니다.

《군주론》에는 군주의 냉혹하고 악랄한 통치 사례들이 많이 나옵니다. 그리고 군주가 시민을 통치하는 방법에 대해서도 숨김없이 모두 이야기하고 있어요.

즉, 시민들에게 군주의 특성을 가르쳐 군주에게 속지 말고 자신을 보호하라는 뜻에서 썼다는 거죠.

실제로 18세기 프랑스의 철학자 장자크 루소는 마키

**중세 유럽 통치자의 모습을
상징적으로 보여주는
〈교황 인노첸시오 10세의 초상〉**
1650년경, 디에고 벨라스케스의 작품

아벨리가 《군주론》을 쓴 의도에 관해 '군주에 대한 조언을 가장해 민주 공화정을 지키는 방법을 제시한 것'이라고 말하기도 했습니다.

악마의 수호자인가? 약자의 수호자인가?

《군주론》은 마키아벨리가 살아 있을 때는 정식으로 출판되지 않았습니다. 대신 지식인들 사이에서 필사본이 돌며 조금씩 소문이 났죠.

그러다가 마키아벨리가 세상을 떠난 뒤인 1532년에 처음 정식 출판되었는데, 평가는 극과 극이었습니다. 교황청은 이 책이 반기독교적이라며 '악마의 손이 쓴 책'이라고 몰아붙였고, 금서목록에 올려 버렸습니다. 덕분에 마키아벨리는 교황청이 직접 '공인한' 악마가 되고 말았지요.

1550년 이탈리아에서 출간된 《군주론》과 《카스트루초 카스트라카니의 생애》 합본판
마키아벨리의 두 책을 합친 책

1569년, 영어 사전에 '마키아벨리주의Machiavellian'라는 단어가 수록되었는데, 뜻은 '정치나 일반적인 행동에서 이중적인 태도를 취한다'였습니다.

마키아벨리아니즘Machiavellianism도 옥스퍼드 영어사전에 있는데 '국가의 운영이나 일반적인 행위에서 속임수와 표리부동겉과 속이 같지 않음한 방법을 동원하는 것'으로 정의하고 있어요.

한 마디로 마키아벨리 하면 '목적을 위해서는 수단을 가리지 않는다'라는 인식이 굳어졌던 겁니다.

인류 역사상 가장 뛰어난 작가로 꼽히는 영국의 셰익스피어 1564~1616년도 "나는 잔인한 마키아벨리보다 더 잔인해질 수 있다"라는 대사를 작품《헨리 4세》에 넣었어요. 그 외《맥베스》,《오셀로》같은 작품에도 마키아벨리주의적인 인물들이 등장하죠.

이처럼 셰익스피어는《군주론》에서 작품에 대한 영감을 많이 얻었답니다.

1739년에는 프로이센 국왕이 쓴〈마키아벨리의 군주론 반박〉이라는 논문도 등장합니다. 그는 "나는 마키아벨리가 말하는 악한 군주가 아니라, 인자하고 훌륭한 군주다"라며《군주론》을 이용해 자신을 홍보했어요.

17세기에 시작된 《군주론》의 재평가

마키아벨리에 대한 이런 악의적인 평가는 17세기 후반 이후 철학자들에 의해 반전됩니다. 17세기 주요 철학자들은 《군주론》이 단순히 르네상스 시대를 넘어, 근대 정치학의 시작을 알린 중요한 저작이라고 봤어요. 철학자 박구용은 "군주론이 사회계약론을 탄생"시킨 주역이라고 말합니다.

17세기에 탄생한 '사회계약론'이라는 개념은, 사람이 자연 상태로 혼자 살아가는 것보다 사회를 이루어 함께 지내는 게 생존에 유리하다는 생각에서 출발합니다. 그래서 사회계약론은 "개인과 사회가 '계약'을 맺어 서로 보호한다"라고 설명해요. 쉽게 말해, 사람들은 질서를 유지하기 위해 자신의 자유 일부를 국가에 양보하고, 그 대신 국가는 사람들의 안전을 지켜준다는 거죠.

이 사회계약론을 주장한 주요 사상가들은 마키아벨리를 옹호하며 다음과 같은 말을 남겼어요.

토머스 홉스는 '인간은 이기적이고 폭력적인 존재이므로, 강력한 국가 권력이 필요하다'고 주장했고, 이에 맞서 존 로크는 '국가는 개인의 권리를 보호하기 위해 존재해야 한다'고 말했죠. 루소는 '인간은 본래 착하지만, 사회가 부패해 타락했다'며, '일반 의지'에 따라 직접 민주주의를 도입해야 한다고 봤습니다.

이들의 주장은 《군주론》에서 마키아벨리가 말한 내용과 크게 다르지 않아요.

마키아벨리

인간은 이기적이고 폭력적인 존재이므로, 강력한 국가 권력이 필요하다.

토마스 홉스
"만인의 만인을 위한 투쟁"
대표작 《리바이어던》

인간은 악해서 강한 권력으로 통제해야 한다.

현재 이탈리아인들이 헐벗고, 약탈당하고 있으니 군주가 나서서 보호해 달라.

국가는 개인의 권리를 보호하기 위해 존재해야 한다.

존 로크
"모든 사람은 동등하고 독립적이며, 생명과 자유와 재산이라는 고유 권리를 가진다"
대표작 《정부론》

17세기 사회계약론 사상가들과 마키아벨리의 말을 비교해 보세요!

예를 들어, 마키아벨리는 홉스처럼 '인간은 악해서 강한 권력으로 통제해야 한다'고 주장했고, 또 이탈리아인의 빈곤과 약탈을 막기 위해 '군주가 국민을 보호해 달라'고 요청했는데, 이는 '국가는 개인을 보호해야 한다'는 존 로크의 견해와 일치합니다. 루소가 내세운 직접 민주주의 역시, 마키아벨리가 평소에 강조한 '자유와 공화정' 정신과 맞닿아 있죠.

《군주론》은 사회계약론에 직접적인 영향을 주었고, 사회계약론은 프랑스혁명에 영향을 줘서 근대 민주주의가 발전하는 중요한 바탕이 되었습니다. 다시 말해, 마키아벨리의 현실적인 정치 관점이 홉스·로크·루소 같은 사상가들을 거쳐, 오늘날 우리가 누리는 민주주의 원리를 형성하는 데 큰 역할을 한 것입니다.

마키아벨리의 재발견

18세기에 이르자 프로이센의 철학자 헤르더는 《군주론》은 이탈리아를 야만인들에게서 해방시키려는 목적으로 쓰여진,

순수 정치의 걸작품'이라며 높이 평가했습니다. 역사철학의 거장 헤겔은 마키아벨리즘을 '절대적인 국가 윤리'라고 부르며 정당성을 옹호했고, 독일 관념론 철학자 중 한 명인 피히테는 '마키아벨리즘이야말로 모든 국가의 근본 원리'라고까지 말했죠.

17세기 이후《군주론》에 대한 시선이 달라진 이유는, 더 이상 이 책을 단순히 권모술수 매뉴얼로만 보지 않고, 국가를 유지·발전시키는 데 필요한 현실적 요소를 보여주는 작품으로 해석했기 때문입니다. 이 책을 옹호한 학자들은 '정치는 이상만 좇지

《군주론》은
순수 정치의 걸작품

요한 고트프리트 헤르더
"말이 사고를 생산한다"
독일 낭만주의의 선구자

마키아벨리즘은
절대적인 국가 윤리

프리드리히 헤겔
"철학은 시대의 정신을
이해하는 것이다"
독일 역사 철학의 거장

마키아벨리즘은
모든 국가의 근본 원리

요한 고틀리프 피히테
"우리는 우리 자신의 창조물이다"
독일 관념론의 주요 철학자

마키아벨리에 대한 18세기 철학자들의 평가

말고, 현실에 맞춰 유연하게 대처해야 한다'는 마키아벨리의 생각에 공감했습니다.

그 결과 마키아벨리는 교황청이 '공식 악마'라고 낙인찍은 인물에서, 근대 국가 형성과 정치철학에 기여한 중요한 사상가로 다시 평가받게 되었죠.

마키아벨리를 연구하는 연세대학교 김상근 교수는 "마키아벨리는 모든 약자의 수호성자이고, 오히려 순진할 정도로 애국적인 인물이었다"라고 말합니다.⁶

인류 지혜의 보물섬으로 불리는 공자의 《논어》, 맹자의 《맹자》, 플라톤의 《국가》 같은 고전들은 모두 '군주의 역할'을 제시하고 있어요. 이 책들의 공통점은 도덕에 기반한 '이상적인 군주'를 그린다는 것입니다.

예를 들어, 공자는 무려 13년간 중국 곳곳을 돌아다니며 여러 군주를 만나 "도덕적인 왕이 되어라"라고 조언했지만, 대부분 현실에서는 불가능한 정치라며 거절당하고 말았죠.

하지만 마키아벨리는 《군주론》에서 직접 만나고 겪은 수많은 군주의 '현실적인 모습'을 이야기합니다. 그는 이렇게 말합니다.

이 책을 읽는 이에게 현실을 말해 실제로 도움이 될 만한 글을 쓰는 것이 내 목적이다. 사람이 실제로 어떻게 사는가와 어떻게 살아야 하는가는 매우 다르다. 실제 상황을 무시하고 이상을 따르는 사람은 곧 파멸하게 된다. 또한 선행만 원하는 사람 역시 악마에 둘러싸여 곧 파멸한다.

이처럼 《군주론》은 공자·맹자·플라톤이 그린 '이상적인 군주'와는 전혀 다른, 인간 본성과 권력의 냉혹함을 그대로 반영한 '현실적인 군주'를 보여줍니다.

누군가는 이 책을 악용해 잔인한 정치를 펼쳤지만, 누군가는 여기서 정치의 실제 작동 방식을 배워 국민에게 도움이 되는 통치를 했다는 사실을 떠올리면, '고전은 결국 읽는 사람이 어떻게 해석하느냐'에 달렸다고 생각되지 않나요?

03

● 군주론 속으로 ●

**나라를 세우고,
다스리고,
지키는 법**

새로운 군주에게 책을 바치다

마키아벨리의 《군주론》은 헌정사책을 바치는 글로 시작합니다.
그가 이 책을 쓴 이유는, 당시 피렌체의 새 군주였던 로렌초 디
메디치에게 《군주론》을 바침으로써 다시 정부에 취업하기 위해
서였습니다. 그래서 《군주론》 첫 문장은 이렇게 시작됩니다.

니콜로 마키아벨리가 위대하신 로렌초 데 메디치께

인사를 드립니다.

마키아벨리는 오직 한 사람 '피렌체 군주'를 위해 책을 썼던
것입니다. 사랑하는 연인의 마음을 사로잡기 위해 연애편지를
쓰듯이, 마키아벨리는 권력자의 마음을 사로잡기 위해 책을 쓴
것이죠. 그래서 《군주론》은 자기소개서와 국가발전보고서를 합
친 '고위 공무원 취업용 포트폴리오'라고 할 수 있습니다.

마키아벨리는 책에서 군주에게 상냥하게 인사를 하고, 이렇

게 말합니다.

헌정사 요약 군주에게 은혜를 얻으려는 사람들은 대부분 군주가 좋아할 만한 것을 가지고 군주를 만나려 합니다. 말, 보석을 비롯해 군주의 위엄에 걸맞은 것을 선물하죠. 저는 전하께 충성의 증거를 보이고, 저 자신을 바치고 싶습니다.

그래서 제가 가진 것 중에서 가장 귀중한 위대한 인물들의 통치행위에 대한 지식을 책으로 썼습니다.

신분이 낮고 비천한 자가 감히 군주의 통치를 논하는 것에 대해서 주제넘은 일이라고 생각하지는 말아 주십시오.

시민의 본바탕을 온전히 이해하려면 군주가 되어야 하고, 군주의 본바탕을 온전히 이해하려면 시민이 되어야 합니다.

이 책을 자세히 읽으신다면 전하가 위대한 군주가 되기를 바라는 저의 간절한 마음을 헤아리실 것입니다. 그러니 전하께서 이 작은 선물을 저의 마음과 함께 받아 주시길 바랍니다.

마키아벨리가 《군주론》이라는 명저를 쓸 수 있었던 건, 피렌체 정부에서 약 15년 동안 다양한 일을 경험하고, 외교관으로서 여러 국가의 권력자들과 직접 마주했기 때문입니다. 그러면서

'진정한 군주란 무엇인가?'에 관한 현실적인 통찰을 얻었던 거죠. 게다가 인생의 절정기에 '직장을 잃고, 고문을 당하고, 감옥에 투옥'되는 최악의 시련이 그를 책 쓰기로 이끌었습니다.

역사를 보면, 최고의 명작들은 대개 최악의 시련을 겪은 사람들이 써냈습니다.

예를 들어, 중국 최고 역사서 《사기》를 쓴 사마천은 왕에게 바른말을 했다가 형벌로 생식기가 잘리는 끔찍한 일을 겪었고, 그 시련 속에서 《사기》를 완성했죠.

조선 시대에 임진왜란을 승리로 이끈 류성룡은 전쟁이 끝나자 선조에게 버림받아 고향으로 내려갔지만, 거기서 《징비록》을 썼습니다.

정약용은 18년 유배 생활 동안 약 500권의 책을, 추사 김정희는 9년 유배 생활 동안 〈세한도〉와 '추사체'를 완성했어요.

공자는 "군자는 시련 속에서 오히려 강해지고, 소인은 시련을 겪으면 포기한다"라고 말했습니다. 마키아벨리도 시련 속에서 포기하지 않고, 훗날 전 세계인의 필독서가 되는 《군주론》을 쓰는 데 성공합니다. 물론 그 시절, 마키아벨리의 생활은 정말 비참했지만 말입니다.

차갑게 외면받다

마키아벨리는 1513년 12월에 친구 베토리에게 편지를 쓰면서 《군주론》을 완성했다고 말합니다. 하지만 피렌체 군주는 예전에 활약했던 마키아벨리를 만나주지 않았어요. 다행히 마키아벨리의 재능을 아끼던 사람들이 군주를 만나게 주선해 줬죠.

그렇게 책을 완성하고 4년이 지난 어느 날, 마키아벨리는 피렌체 군주였던 '로렌초 디 메디치'를 드디어 알현하게 됩니다.

그날도 군주를 만나려는 사람들이 길게 줄을 서 있었어요. 시간이 흐르고 줄이 조금씩 줄어들자, 마키아벨리 바로 앞사람이 군주에게 나아갔습니다. 그는 멋진 사냥개를 선물했고, 군주는 사냥개를 귀여워하며 한 마디 했습니다.

"오! 아주 늠름하구나. 고맙네."

개를 바친 사람은 기쁜 표정으로 자리를 떠났고, 이제 마키아벨리 차례가 되었습니다.

"전하와 피렌체를 위해 혼신의 힘을 기울여 쓴 《군주론》을 바칩니다."

"으음…, 수고했네."

군주는 책을 받았지만, 그의 눈은 책이 아니라 개를 보고 있었죠. 《군주론》은 결국 개보다 못한 취급을 당했습니다. 군주는 이 책을 읽지 않았고, 다시 피렌체 정부에서 일하고 싶었던 마키아벨리의 바람도 물거품이 되고 말았어요.

마키아벨리가 《군주론》을 헌정한 로렌초 2세 데 메디치

하지만 로렌초 2세는 이 책에 전혀 관심을 보이지 않았어요.
사진은 미켈란젤로가 로렌초 2세의 무덤에 새긴 조각상입니다.

비슷한 시기, 마키아벨리의 친구 한 명이 밀라노 군주에게 자기 취업을 부탁하는 길고 긴 편지를 썼습니다. 그 친구가 누구냐 하면, 역사상 최고 천재로 꼽히는 레오나르도 다빈치였답니다.

그의 편지를 잠깐 살펴볼까요?

더없이 저명하신 공작님께,

저는 실례를 무릅쓰고 공작님께 제가 전쟁 무기를 잘 만드는 비법을 알려 드리고, 원하실 경우 직접 보여 드리기로 마음먹었습니다.

Ⅰ 저는 가볍고 강하고 운반이 쉬운 교량다리을 설계했습니다. 그 교량으로 적을 추격하고 언제든지 적으로부터 달아날 수 있죠.

Ⅱ 저는 포위전 도중에 지붕 덮인 길, 사다리 등 공성전 관련 장비를 제작하는 법을 알고 있습니다.

Ⅲ 아무리 튼튼한 암반 위에 지어진 요새라도 전부 파괴할 방법을 알고 있습니다.

Ⅳ 저에게는 작은 돌들을 우박처럼 발사할 수 있는 대포가 있습니다.

(이하 생략)

특히, 공작님 아버지의 영원한 명예를 기리기 위해 청동 기마상 건립도 추진할 수 있습니다. 위에서 말한 내용 중 그 어떤 것이라도 불가능하다고 생각하는 사람이 있다면 언제든 제 솜씨를 직접 보여 드릴 준비가 되어 있습니다.'

레오나르도의 이 편지는 자기소개서나 다름없습니다. '내가 이런 걸 잘하니 고용해 달라'며 군주에게 전하는 내용이니까요. 마키아벨리가 《군주론》을 쓴 것과 같은 목적입니다. 다만 레오나르도는 편지 형태고, 마키아벨리는 책을 썼다는 차이뿐이죠.

그렇다면 레오나르도는 밀라노 군주의 마음을 사로잡았을까요? 정답은 '그렇다'입니다. 레오나르도는 이 편지를 보내고 밀라노에 취직해서 놀라운 군사 무기를 발명하거나, 예술작품을 남기는 등 파격 대우를 받았어요.

왜 마키아벨리는 실패했고, 레오나르도 다빈치는 성공했을까요? 군주의 입장에서 생각해 보면 쉽게 알 수 있습니다.

레오나르도의 제안은 국방력 강화에 즉각 도움이 되는 솔깃한 아이디어였어요. 게다가 군주의 아버지를 위한 청동상까지 만들겠다고 하니 기분이 좋을 수밖에 없었겠죠? 그러나 마키아벨리의 능력은 당장 눈에 보이지 않았고, 검증도 안 된 개인적인 지식이었어요.

특히 헌정사에 쓴 내용 중에 "군주의 본바탕을 온전히 이해하려면 시민이 되어야 한다"117페이지 참고는 말은 '군주 자신은 본바탕을 이해할 수 없다'고 해석될 수 있는 위험한 말이었죠.

또한 군주는 마키아벨리가 책을 통해 자신을 가르치려 한다고 생각할 수도 있었어요. 지금도 그렇지만, 권력자가 가장 싫어하는 것이 "전하, 그러시면 아니 되옵니다", "이렇게 하셔야 합니다"라며 잔소리하는 신하거든요.

마키아벨리는 군주가 지녀야 할 역량을 《군주론》에 썼지만, 정작 군주의 마음을 사로잡는 방법은 몰랐던 것 같습니다. 실제로는 군주가 마키아벨리의 가치를 못 알아본 것이지만요.

오늘날은 '군주'라는 존재가 많이 사라졌지만, 권력자의 환심을 사려고 노력하는 모습은 여전합니다. 선거철이 되면 퇴직한 고위 공무원이나 학자들이 자기 책을 써서 후보에게 헌정한다거나, 뇌물을 바치는 일도 벌어지죠. 500년 전이나 지금이나, 권력을 얻고 행사하는 방법은 크게 변하지 않는다는 걸 보여주는 예일지도 모르겠습니다.

여러 형태의 국가들, 어떻게 생겨났을까?

● 제1장 국가의 탄생과 종류 ●

마키아벨리는 《군주론》의 첫 장에서 국가의 종류를 먼저 소개합니다. 왜 그럴까요? 군주에게 통치술을 알려주려면, 가장 기본인 '국가가 어떻게 시작되고, 국가에는 어떤 형태가 있는지'를 먼저 설명해야 하기 때문이에요.

국가는 어떻게 탄생했을까?

처음엔 몇십 명 규모의 작은 무리가 생겨났습니다. 보통 친척 중심의 집단이었고, 수렵·채집·유목에 딱 맞는 형태였죠. 그러다가 인구가 늘면서 무리는 '부족'으로 발전했고, 간단한 농경을 시작해 한 지역에 정착하게 됩니다. 부족 사회가 더 커지면, 수천 명 단위의 '추장 사회'가 되죠.

추장이 권력을 잡아 중앙집권적 통치가 일반화되었고, 권력은 주로 아들에게 세습 물려주는 것되었습니다. 농업 생산력이 늘면서 식량이 남아돌자, 전문 기술자들도 생겨났고요. 이 추장 사회가 한 단계 더 발전한 것이 국가입니다.

일반적으로 인구가 5만 명 이상 되면 국가라고 부릅니다. 그때부터 많은 국가는 영토와 세력을 키우려고 자주 전쟁을 일으켰고, 힘이 약한 국가는 흡수되거나 망했죠. 이렇게 합쳐지고 흡수되는 과정을 반복해 거대한 제국으로 발전하기도 했습니다.

다윈이 말한 '적자생존'이 국가 차원에도 적용된 거예요. 약한 국가는 사라지고, 강하고 적합한 국가만 남아 계속 덩치를 키운 거죠. 이렇게 시작한 작은 국가가 점점 성장해서 수억, 수십억 인구를 자랑하는 거대한 국가가 되는 경우도 나타나게 됐어요.[8]

국가의 종류와 차이는 뭘까?

마키아벨리는 1513년 《군주론》을 쓰면서, 당시 유럽에 있던 국가들을 크게 '공화국'과 '군주국'으로 나눴습니다. 그리고 군주국 안에도 "오랫동안 혈통을 이어온 세습 군주국"과 "새로 만들어진 신생 군주국"이 있다고 설명했어요.

공화국과 군주국의 차이는 뭘까요?

군주론 중에서 모든 나라는 공화국 아니면 군주국의 형태로 유지된다. 군주국은 두 가지로 나뉜다. 하나는 군주의 혈통이 오랫동안 대를 잇는 세습 군주국이다. 또 하나는 새롭게 건설된 신생 군주국이다.

군주국은 다른 사람의 군대를 동원하거나, 자신의 군대로 얻을 수 있다. 이때 행운Fortuna과 역량Virtu이 작용한다.

공화국은 피렌체처럼 시민이 정치에 참여하는 국가, 즉 오늘날 민주주의에 가까운 체제를 말합니다. 물론 이때 공화국은 지금 한국처럼 성인이면 누구나 투표권을 가진 직접 민주주의가 아니라, 가문 대표들이 간접 투표를 하는 방식에 가까웠죠.

군주국은 한 명의 군주가 모든 권력을 쥐는 나라입니다. 왕정 국가와 비슷해요. 예를 들면 북한의 김정은처럼 권력을 자녀

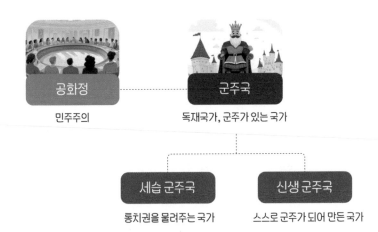

마키아벨리가 말하는 국가의 종류

에게 물려주는 국가를 '세습 군주국'이라고 부를 수 있죠. 과거의 신라, 고구려, 백제, 고려, 조선도 해당합니다.

그럼 신생 군주국은 뭘까요? 고려의 장군 이성계가 쿠데타로 조선을 세웠죠. 이때 조선을 신생 군주국이라고 합니다. 김정은의 할아버지인 김일성이 1948년에 '조선민주주의 인민공화국', 즉 오늘날의 북한을 세웠을 때도 북한은 신생 군주국이었어요. 이후 자녀에게 군주 자리를 물려주면 세습 군주국이 되는 것입니다.

그런데 여러분, 북한의 정식명칭에 '민주주의'와 '공화국'이

들어간다고 해서 진짜 민주주의를 하는 공화국은 아니에요. 실은 1인 독재국가입니다.

이처럼 세계의 많은 독재자가 국가 이름에 '민주주의', '공화국'을 넣고, 실제로는 군주국처럼 절대 권력을 휘두르고 있죠. 벨라루스 공화국, 수단 공화국, 라오 인민 민주공화국라오스 같은 경우입니다.

'민주'나 '공화'라는 단어를 써서 자신의 권력을 정당화하고, 국제사회에서 인정받기 위해 그럴싸하게 포장하는 거예요.

마키아벨리는 이런 군주들이 새로운 군주국을 세울 때, 운포르투나과 역량비르투 둘 다 중요하다고 말했습니다. 운은 언제 어떻게 바뀔지 모르는 '행운'이고, 역량은 그 운을 잘 다룰 수 있는 '실력과 지혜' 같은 것이죠. 즉, 군주는 변덕스러운 운을 잘 활용하면서 스스로 역량을 키워 위기를 극복해야 한다는 것입니다.

마키아벨리는 역량이 없는 사람이 운 좋게 군주에 오르면 금방 망하지만, 역량이 있는 군주는 스스로 운을 만든다고 했습니다. 군주에게는 포르투나보다 비르투가 중요하다는 거죠.

잠깐!

운(포르투나)과 역량(비르투)

포르투나는 이탈리아어로 '운' 혹은 '행운'을 뜻합니다. 마키아벨리는 이 포르투나를 매우 변덕스럽고 예측 불가능한 존재로 봤어요. 어떤 때는 군주에게 유리하게 작용하지만, 어떤 때는 불리하게 작용한다는 겁니다.

비르투는 '역량'·'탁월함'·'덕성' 등으로 번역되지만, 《군주론》에서는 주로 '역량'이라고 해석합니다.

시에나 대성당 바닥의 '포르투나 여신'

여신이 돛을 들고 배가 어디로 향할지 모르는 모습이 바로 '행운의 예측 불가능함'을 상징합니다.

마키아벨리는 군주에게 가장 중요한 덕목으로 비르투를 꼽았는데, 한마디로 군주의 개인적 능력이에요. 국민을 이끄는 리더십, 시대 변화에 대한 적응력, 위기 상황에서의 결단력 같은 것들을 모두 비르투라고 할 수 있죠.

다스리기 쉬우나, 혁신하지 않으면 망한다

> **군주론 중에서** 세습 군주국은 신생 군주국보다 권력을 유지하기
> 가 쉽다. 세습 군주국은 이미 앞선 군주들이 만들어 놓은 국가
> 운영 체계가 있어서, 그 체계를 크게 바꾸지만 않으면 국가는
> 유지된다. 국내외의 강력한 세력이나 또는 쿠데타가 생겨서 군
> 주에서 쫓겨나도 권력 찬탈자가 조금이라도 불리해지면 다시
> 통치권을 되찾을 수 있다.
>
> 세습 군주는 이미 권력을 물려받았기 때문에, 권력을 얻기 위
> 해 국민을 괴롭힐 이유가 없어 자연스럽게 국민의 호감을 얻는
> 다. 그러나 나라가 오래 유지되면 군주가 변화를 싫어하기 때
> 문에 망할 수 있다.

마키아벨리는 《군주론》 2장에서 "세습 군주국은 신생 군주
국보다 권력 유지가 쉽다"고 말합니다. 이미 앞선 군주들이 만
들어 놓은 국가 운영 체계가 있어, 그걸 크게 바꾸지 않으면 나

라가 굴러간다는 거죠. 가령 국내외 강력한 세력이 나타나 군주가 한때 쫓겨나도, 새로운 권력자가 조금만 불리해지면 군주는 '정통성'이라는 명분으로 다시 권력을 되찾기 쉽습니다.

세습 군주는 권력을 물려받은 상태이므로 국민에게 부담을 줄 필요가 적습니다. 그래서 국민의 호감을 얻기가 상대적으로 쉽습니다. 그런데 문제는 나라가 오래 유지될수록 변화를 두려워한다는 데 있어요. 마키아벨리는 '오래된 세습 군주국은 혁신을 거부하다 망할 수 있다'고 경고했습니다.

세습 군주국은 왕이 다스리는 나라와 같습니다. 근대 이전 세계의 대다수 나라가 세습 군주국이었죠.

이제 왕이 있는 나라는 거의 없지 않냐고요? 실제 통치를 하지는 않아도, 왕위가 계승되는 나라는 여전히 존재한답니다.

예를 들어, 일본 천황제는 세계에서 가장 오래된 세습 군주제 가운데 하나입니다. 일본 헌법 1조는 "천황은 일본국의 상징이며, 일본 국민 통합의 상징"이라고 규정합니다. 일본 측 기록《일본서기》에 따르면 기원전 660년에 1대 진무천황이 권력을 잡았다고 전해지고, 126대 나루히토 천황으로 지금까지 이어졌습니다.

이들 천황은 대부분 앞선 천황들이 구축한 체계를 그냥 지키는 것만으로도 권력을 이어왔습니다. 일본에서는 아주 오랫동안 천황이 존재했기에, 일본인은 천황제를 당연하게 받아들였죠.

물론 일본은 지금 입헌 군주제를 택하고 있어, 천황은 국민 통합의 상징이고 실제 권력은 국회가 행사합니다. 군주가 세습하긴 해도, 실질 정치는 국민이 뽑은 대표들이 맡는 거죠. 영국도 같은 입헌 군주제입니다.

잠깐!

입헌 군주제란?

입헌 군주제는 한 나라의 상징인 군주왕, 여왕 등가 존재하지만, 실제 정치 권력은 헌법과 국회가 행사하는 제도입니다. 영국이나 일본이 대표적인 예예요. 여왕과 천황이 있지만 의전 업무만 할 뿐, 정치에 직접 개입하지 못해요. 이렇게 군주가 법적·정치적으로 제한을 받고, 국정의 대부분은 민주적 절차를 거쳐 운영되므로 '군주가 있으면서도 민주주의를 지향한다'고 볼 수 있습니다.

일본은 2차 세계대전 때 미국의 원자폭탄을 맞은 후, 히로히토 천황이 무조건 항복을 선언했습니다. 많은 사람이 '이제 천황은 없어지겠구나' 예상했죠. 그러나 일본을 지배한 미국은 천황제도를 없애지 않았어요. 일본인의 큰 반발을 막고, 통치를 쉽게 하기 위해 천황을 남겨둔 겁니다. 그래서 미국은 영국 제도를 본떠 천황을 상징적 군주로 삼는 입헌 군주제를 허락해 주었어요.

우리 역사로 보면, 신라의 김 씨 왕조는 무려 992년간 56대 군주가 세습하면서 나라를 다스렸습니다. 이처럼 세습 군주들은 한 번 권력을 잡으면 유지하기가 쉽고, 설령 위기로 한때 왕위가 바뀌어도 정통성 명분을 내세워 곧 돌아올 수 있었죠.

하지만 어느 나라든 영원히 이어지진 않았습니다. 마키아벨리가 말한 대로 "오래 유지된 세습 군주국이 변화를 거부하면 망한다"는 건 역사가 증명합니다. 518년 동안 존속하던 조선이 일본에 나라를 빼앗긴 것도 쇄국 정책을 고집하며 개방과 개혁을 거부한 탓이 크죠.

국가든 기업이든, 개인이든 계속 바뀌어야 살아남을 수 있다는 것은 역사가 이미 증명해 준 사실입니다.

혼란스러운 나라의 군주는 특히 슬기로워야 한다

> **군주론 중에서** 군주가 어떤 국가를 정복했을 때, 같은 언어를 쓰는지에 따라서 전략은 달라진다.
>
> 같은 언어를 쓰는 곳이면, 그곳을 통치하던 군주의 혈통을 완전히 끊어야 한다. 그리고 기존의 법과 세금 제도를 그대로 운영해야 한다.
>
> 만약 다른 언어를 쓰는 곳이면 정복자가 그곳에 직접 거주하거나, 식민지를 건설해야 한다.

마키아벨리는 《군주론》 3장에서 '혼합 군주국'을 말합니다. 혼합 군주국이란, 군주가 다른 나라를 정복해 새로운 권력을 세운 곳을 말해요. 이미 있던 권력과 새롭게 들어온 권력이 뒤섞이니, 곳곳에서 혼란이 생길 수밖에 없죠. 그래서 정복 뒤에 어떤 전략을 쓰느냐에 따라, 군주는 나라를 오래 다스리거나 금방 잃기도 합니다. 마키아벨리는 군주가 '정복 이후에 슬기로운 전략을 펼쳐야 한다'고 강조했습니다.

먼저, 마키아벨리는 군주가 어떤 지역을 점령했을 때 '같은 언어를 쓰느냐, 아니면 전혀 다른 언어를 쓰느냐'에 따라 전략이 달라진다고 말합니다.

그리고 같은 언어권을 점령했다면, 예전에 그곳을 다스리던 군주의 혈통을 모조리 없애라고 말합니다. 혈통을 "없앤다"는 말은 상당히 충격적인데, 군주국은 대체로 자녀에게 권력을 이어 주기 때문에, 혈통을 끊으면 세습할 사람이 없어지게 돼요. 그러면 그 지역 귀족들도 더 이상 기댈 '옛 권력'이 사라져서, 새로운 군주에게 충성하게 된다는 겁니다.

그런데 언어가 전혀 다른 지역을 점령하면, 그렇게 무력으로 기존 군주의 세력을 몰아내는 건 위험한 결과를 낳을 수 있다고 말합니다.

언어와 문화가 다르다 보면, '이민족이 들어와 기존 권력을 쓸어버렸다'고 소문이 나서 현지인들이 반발하거나 독립운동을 일으킬 수 있다는 거예요. 그래서 오히려 기존 군주의 혈통을 내 편으로 끌어들여서 혼란을 방지해야 합니다. 그렇지 않으면 정복지에서 완전히 고립되어 반란으로 비참한 최후를 맞이하죠.

또한, 마키아벨리는 "법과 세금 제도를 그대로 유지하라"라고 조언해요. 일반 국민 입장에선, 세금이나 생활방식이 크게 바뀌지 않는다면 '누가 통치하든 별 차이 없다'고 생각하기 쉽거든요. 이렇게 기존 제도를 보호해 주면, 정복 지역의 국민이 새 군주를 쉽게 받아들인다는 겁니다.

이런 통치 원리는 현대 민주국가에서도 볼 수 있습니다.

2024년에 미국의 트럼프 대통령이 당선되어서 가장 먼저 한 일은 장관이나 고위직을 자기 사람으로 싹 바꾸는 것이었죠.

미국인에게 적용되는 법과 세금은 대부분 건드리지 않았어요. 그러니 미국인 절반이 그를 싫어해도, 굳이 대규모 반란을 일으키진 않아요. 일상생활은 거의 그대로이니까요.

성공한 점령 vs 실패한 점령, 무엇이 달랐을까

마키아벨리는 로마와 프랑스의 사례도 듭니다. 로마제국은 수많은 식민지를 갖고 있던 덕분에, 정복 후 통치 전략이 풍부했어요.

기원전 2세기쯤 로마가 그리스를 점령했을 때, 로마는 유능한 장군을 총독으로 보내 식민지를 운영하게 했습니다. 자리가 사람을 만든다는 말처럼, 높은 권위와 책임을 주면 원래 좀 부족하던 사람도 제 역할을 해낼 수 있다고 본 거죠.

로마 총독들은 대체로 3가지 철칙을 지켰습니다.

첫째, 한 지역에 어떤 세력이 과도하게 커지는 걸 방치하지 않았습니다.

둘째, 기존 권력이 군대나 국가를 소유하는 걸 절대 허용하지 않았습니다. 반란의 싹을 없애는 거죠.

셋째, 현지 시민이 좋아할 만한 정책과 행사를 열어, 로마에 대한 호감을 쌓았습니다.

프랑스 루이 10세의 실패 사례는 딴판이었습니다. 그는 이탈리아의 밀라노와 나폴리를 차례로 점령했지만, 금세 빼앗겨요. 밀라노를 점령한 뒤 교황알렉산데르 6세의 세력을 키워준 게 문제였습니다. 당시 프랑스가 밀라노를 점령하자, 제노바, 피렌체 등의 수많은 군주가 프랑스에 항복하고 동맹을 맺기를 원했는데 이들은 교황과 사이가 좋지 않았거든요. 그런데 루이 왕이 교황을 밀어주자 다들 프랑스에 등을 돌려 버렸어요.

교황 알렉산데르 6세와 프랑스의 루이 10세

만약 루이 왕이 이탈리아에서 교황을 견제했다면, 이탈리아의 군주들은 친구가 되어서 큰 힘이 되어줬을 거예요. 그런데 루이 왕은 자기 손으로 친구를 쫓아낸 후 고립되었고 결국 밀라노를 빼앗기죠.

또 나폴리 점령 땐 스페인과 동맹을 맺고 나폴리를 나눠서 공동으로 다스렸는데, 프랑스는 지리도 멀고 언어·문화가 안 맞아서 결국 스페인에게 밀려났어요.

이처럼 루이 왕은 이탈리아의 밀라노와 나폴리를 정복했지만, 5가지 실수를 범해서 금방 잃어 버렸습니다.

첫째, 그는 프랑스에 먼저 손을 내민 제노바, 피렌체와 같은 친구를 스스로 떠나가게 했어요. 둘째, 자신의 라이벌이 될 수 있는 교황의 세력을 키워 줬고, 셋째, 막강한 스페인의 세력을 나폴리에 불러들였어요. 넷째, 이탈리아를 정복한 이후에 거주지를 옮기지도 않았고, 다섯째, 식민지를 세우지도 않았죠.

"새로운 지역을 점령하면, 그곳에 직접 살거나 식민지를 꾸려야 한다"는《군주론》의 조언을 지키지 않았던 거예요.

다시 반항하지 못하게 치명타를 가하라

군주론 중에서 인간은 잘 대해주거나 아니면 아예 끝장을 내야 한다. 인간은 작은 피해는 복수를 하지만, 큰 피해를 입으면 복수를 하지 못한다. 따라서 인간에게 해를 가할 때는 다시 반항하지 못하도록 치명적인 타격을 가해야 한다.

이 문장 때문에 마키아벨리는 잔인한 사람이라는 오해를 많이 받았어요. 그러나 마키아벨리는 인간의 실제 심리와 현상을 군주에게 솔직히 말했을 뿐입니다.

13세기에 몽골제국을 세운 칭기즈칸의 전략은 마키아벨리와 흡사합니다.

칭기즈칸은 자신에게 협력하는 지역에는 종교·자치권을 인정하고, 무역로를 개척해 경제를 살리는 등 융합 정책을 썼지만, 반항하는 도시는 무섭게 파괴했습니다. 그 지역에 있는 사람을 모조리 학살하고, 모든 건물을 파괴해 아예 사람이 살지 못하는 폐허로 만들어 버렸어요. 이러한 소문이 돌자, 많은 지역이 스스로 문을 열고 칭기즈칸을 받아들였죠.

칭기즈칸이 단지 파괴만 일삼았던 건 아니에요. 그 시대상에서 보면, 그는 식민지와 정복지를 효율적으로 다스리는 '통치 시스템'을 만든 인물이었습니다. 그래서 몽골제국은 1206년부터 1368년까지 약 162년간 인류 역사상 최대 규모의 제국 중 하나를 운영할 수 있었습니다.

페르시아는 왜 반란을 일으키지 않았나?

군주론 중에서 알렉산더 대왕은 불과 몇 년 만에 아시아의 주인이 되었지만, 정복이 끝나자 바로 사망하고 말았다. 그가 죽자 많은 사람이 정복지에서 반란을 예상했지만, 그런 일은 없었다. 알렉산더 대왕은 손쉽게 아시아를 다스렸는데, 그 이유는 정복지의 정치제도 차이 때문이다.

군주국의 정치제도에는 두 가지 방식이 있다. 첫째, 군주가 장관과 고위공직자를 임명하고, 지역마다 책임자를 두어 이들의 도움으로 나라를 통치하는 방식으로, 알렉산더 대왕이 만든 중앙집권체제가 그러하다. 둘째는 군주가 아니라 대대로 세습받은 지역의 영주와 함께 나라를 통치하는 방식으로, 지방분권체제인 프랑스가 대표적이다.

마키아벨리는 《군주론》 4장에서 알렉산더 대왕의 사례를 들어 새롭게 정복한 국가를 어떻게 통치해야 하는지 알려주고 있습니다. 그는 나라마다 정치제도가 다르므로, 그 차이에 맞춰 통치 방식을 달리해야 한다고 강조하죠. 그렇다면 먼저 4장의 주인공인 알렉산더 대왕이 누구인지 간단히 살펴볼까요?

알렉산더기원전 336~323년는 마케도니아의 왕자였습니다. 어느 날, 아버지 필리포스 2세가 철학자 아리스토텔레스에게 "내 아들 알렉산더를 가르쳐 달라"고 부탁합니다. 아리스토텔레스와 필리포스 2세는 친구 사이였거든요.

그 후 알렉산더는 8년간 아리스토텔레스에게서 찬란한 그리스 문명과 인문 정신을 배우면서, 훗날 위대한 군주가 될 역량을 키웁니다. 아리스토텔레스의 스승은 플라톤, 플라톤의 스승은 소크라테스였으니, 알렉산더는 소크라테스·플라톤·아리스토텔레스의 사상을 모두 흡수한 최초의 군주인 셈입니다.

이후 아버지 필리포스 2세가 죽자 알렉산더는 마케도니아 왕에 올라서 아시아로 정복 전쟁을 떠납니다. 멀리 인도까지 갔을 정도로 엄청나게 활발한 정복 활동을 벌였죠. 당대 강대국이

었던 페르시아지금 이란·이라크
일대를 무너뜨리고, 이집트
에서는 파라오로 즉위하기
도 했습니다. 나아가 그리
스 문화와 정복지 문화를
융합해 이집트에 '알렉산
드리아'라는 도시를 세웠
는데, 이런 식으로 세계 곳
곳에 같은 이름의 도시를
70개쯤 만들었다고 해요.

〈알렉산더의 이수스 전투〉

기원전 333년, 알렉산더 대왕이 페르시아의
다리우스 3세를 상대로 거둔 이수스 전투를
묘사한 알브레히트 알트도르퍼의 1529년 작품

　　그는 지치지 않는 정복왕이었지만, 그 또한 죽음만큼은 정복
할 수 없었습니다. 불과 서른두 살의 젊은 나이에 돌연 사망하고
만 것이죠. 원인은 여러 설이 있지만, 질병말라리아, 독살, 끊임없는
정복으로 인한 과로 등이 유력합니다.

　　정복자가 죽었으니 곧장 반란이 일어나지 않았을까요?

　　흥미로운 점은, 정복지 곳곳에서 장군들 간 다툼이나 소규모
충돌은 있었지만, 정복 지역의 민중이 대거 들고일어나는 반란

은 없었다는 것입니다. 그가 지배했던 광활한 지역 중 단 한 곳에서도요. 대체 이유가 무엇이었을까요?

마키아벨리는 이를 두고 '단순한 운포르투나이 아니라, 알렉산더가 생전에 구축해 놓은 강력한 중앙집권 체제와 통치 전략비르투의 결과'라고 설명합니다.

알렉산더는 정복지마다 자신의 측근에게 권력을 과감히 나눠 주면서도, 최종 권한은 철저히 본인에게 집중시키는 중앙집권체제를 마련했습니다. 그러니 그가 죽은 뒤에도 제도 자체는 꽤 오래 유지되어 반란이 쉽게 일어나지 않았죠.

게다가 그는 현지 귀족들과 결혼하거나 현지 문화를 존중하고 융합함으로써 지역 주민들의 지지를 끌어냈습니다. 이런 동화 정책하나로 통합시키는 정책은 정복지 사람들에게 인기가 높아, 알렉산더 제국에 대한 충성심도 자연스레 올라갔어요.

알렉산더의 사망 후, 그의 참모들과 장군들이 광활한 제국을 서로 나눠 가졌습니다. 그의 친한 친구이자 신하였던 프톨레마이오스는 알렉산더를 대신해 이집트의 파라오가 되었죠. 프톨

이집트 알렉산드리아의 카이트베이 요새

세계 7대 불가사의 중 하나인 고대 알렉산드리아의 등대가 14세기 대지진으로 불타자
15세기 후반, 그곳에 남아 있던 등대의 잔해를 이용해 세운 건축물입니다.

레마이오스는 알렉산더가 구축한 중앙집권체제와 문화 융합을
그대로 이어받아 알렉산더의 '진정한 후계자'로 자리 잡았습니
다. 이 프톨레마이오스 왕국기원전 305~30년은 약 300년간 번영하
면서 소크라테스로부터 시작된 헬레니즘, 즉 그리스 문명을 완
성합니다.

프톨레마이오스 왕국의 마지막 왕이 바로 그 유명한 클레오
파트라죠. 클레오파트라가 기원전 30년에 로마에 패해 죽으면
서, 헬레니즘은 곧바로 로마로 이어졌어요. 그래서 헬레니즘을
그리스·로마 문명이라고도 한답니다.'

소크라테스에서 시작되어 로마 문명으로 꽃 핀 헬레니즘 문화

이후 헬레니즘은 유럽의 중세 시대에 잊혀졌다가, 마키아벨리가 살았던 피렌체에서 '르네상스'라는 이름으로 화려하게 부활합니다.

마키아벨리는 알렉산더 대왕의 사례를 통해 '중앙집권체제가 확실히 자리 잡은 나라에서는 반란이 일어나기 어렵다'고 말합니다. 그러면서 또 다른 예로 튀르키예옛 오스만 튀르크 제국를 들어요.

그는 "튀르키예 왕국은 한 명의 군주가 통치하고, 나머지 사람들은 모두 그의 신하다. 군주는 나라를 몇 개 지역으로 나눠 여러 관리자를 파견하지만, 필요하면 이들을 자주 옮기거나 교체함으로써 지방 권력을 치밀하게 통제한다"고 설명합니다.

이런 시스템을 '중앙집권체제'라고 부르는데, 왕이 자신을 제외한 힘 있는 세력이 생기지 않도록 관리자를 수시로 바꿔 버리는 거예요. 이런 나라는 정복하기가 쉽지 않습니다. 왕이 모든 걸 장악하고 있으니, 침입 세력이 지방 세력을 끌어들여 반란을 일으키기가 어렵기 때문이죠.

그렇지만 한 번 정복에 성공하면 오히려 유지하기 쉽다고 마키아벨리는 말합니다. 이유는 간단합니다. 중앙집권체제라서 군주와 소수 신하만 갈아치우면 되기 때문에, 정복 후에도 반란이 크게 일어날 만한 조직이나 세력이 별로 없다는 겁니다.

현대 국가들도 대부분 이런 중앙집권체제로 운영하고 있어요. 즉, 한 나라 안에 여러 '미니 왕' 같은 지방 권력자가 존재하지 않게끔, 국가가 모든 지역을 통제하는 방식입니다.

반면, 지방분권체제를 택한 나라들은 어떨까요? 예를 들어, 당시 마키아벨리의 시대 프랑스는 각 지방 영주의 세력이 강했는데, 그들은 왕에게 직접 복종하기보다는 왕과 동맹 관계처럼 지냈어요.

마키아벨리는 프랑스 같은 국가는 점령하기 쉬울 수 있어도 완전히 통치하기는 어렵다고 지적합니다. 영주가 오랫동안 그 지역 주민들의 신임을 받아온 탓에, 정복 세력이 들어오면 지방 영주가 주민들과 함께 반란을 일으킬 수 있기 때문이죠.

결론적으로 마키아벨리는 '알렉산더가 페르시아를 무리 없이 통치할 수 있던 건, 중앙집권구조 덕분'이라고 해석합니다. 반면, 그리스 에페이로스 섬의 왕 피로스 기원전 3세기 로마의 확장을 막기 위해 이탈리아에 상륙했다가 현지인들의 저항으로 5년 만에 철수함가 이탈리아를 점령하고도 실패한 건, 지역 권력이 각자 분산된 체계였기 때문이라고 해요.

즉, 시대는 달라도, 국가 권력을 한 곳에 모으느냐 중앙집권 여러 곳에 나누느냐 지방분권의 차이가 통치 전략을 완전히 달라지게 만드는 핵심 요인임을 강조한 것입니다.

파괴하거나, 이주하거나, 위임하거나

● 제5장 공화국 통치 ●

> **군주론 중에서** 공화국은 언제나 커다란 활력으로 넘쳐난다. 시민들은 전통과 자유를 오래 기억하고, 그것을 좋아한다. 이런 국가를 정복하였다면 통치에 시민을 이용하는 것이 가장 효과적이지만, 그들을 아예 없애 버리거나 그들과 함께 거주하는 것도 좋은 방법이다. 그러나 그들은 오래된 질서와 자유를 잊지 않고, 늘 반란을 일으킨다.

마키아벨리는 《군주론》 5장에서 '자신들의 법과 전통 속에서 자유롭게 살아온 공화국을 정복했을 때, 군주는 어떻게 통치해야 할까?'라는 고민을 던집니다.

로렌초(마키아벨리가 이 책을 헌정했던 사람, 기억하시죠?)가 본래 전통과 자유를 간직하던 피렌체의 새 군주였기 때문에 이런 내용을 더욱 구체적으로 쓴 것이죠.

다만 이 책이 500년 전 상황을 반영하고 있다는 걸 꼭 기억해 주세요. 《군주론》에서 제시된 해결책 대부분이 오늘날에는 맞지 않다는 뜻입니다.

마키아벨리는 전통적인 질서를 지키며, 자유롭게 살아온 국가를 정복해서 통치하는 방법으로 3가지를 제시합니다.

첫째는 그곳의 질서를 완전히 파괴하고 새로운 질서를 세우는 것입니다.

둘째는 군주가 직접 그 땅으로 가서 사는 것입니다.

셋째는 그들이 살아온 방식을 어느 정도 인정하면서, 소수 대리인을 내세워 세금을 거두고, 정복자를 지지하는 친군주적 체제를 만드는 것입니다.

전통과 자유를 없애기 위해 완전히 파괴하는 경우

마키아벨리가 제시한 첫 번째 방법은 매우 극단적입니다. 이미 자유롭고 오래된 질서를 가진 나라를 정복했다면, 아예 옛

질서를 송두리째 없애고 새로운 규칙을 넣어야 반란이 나지 않는다는 거죠.

그러면서 그는 로마의 사례를 듭니다. 로마는 카르타고, 카푸아, 누만티아 등을 정복할 때 그 나라를 철저히 멸망시켜 왕이나 권력자를 없애 버렸어요. 그 뒤 순조롭게 식민통치를 이어갔는데, 반대였다면 오히려 로마가 그들에게 당할 수도 있었다는 논리입니다.

하지만 이 방법은 너무 위험하기도 합니다. 오래된 전통과 자유를 사랑하는 시민이 많을수록, 그런 극단적 파괴에 대한 저항이 세질 수밖에 없으니까요.

그로 인해 실패한 예를 근대 역사에서도 쉽게 찾을 수 있어요. 대표적인 것이 영국의 인도 식민지 정책입니다.

인도는 1858년부터 1947년까지 영국의 식민지였습니다. 영국이 서구 문명의 중심이라면, 인도는 중국과 더불어 동양 문명의 중심이었습니다. 영국은 전통과 문화가 완전히 다른 인도의 통치에 성공했을까요?

영국은 인도의 전통과 문화를 무시하고, 자신들의 제도와 문화를 완전히 들여오려 했습니다. 정치제도와 행정체계를 바꾸고, 영국식 교육을 강요하면서 인도 전통문화를 억압했어요. 하지만 수천 년 동안 독창적으로 일궈낸 인도의 전통이 하루아침에 사라질 리 없었죠. 결국 인도인은 민족의식을 앞세워 독립운동을 벌였고, 마침내 1947년에 영국을 몰아냈습니다.

영국의 사례는 《군주론》 5장에서 말하는 "오래된 전통과 자유는 사람의 기억에서 절대로 사라지지 않는다. 그들에게 무슨 행동을 하든, 무엇을 주든 전통과 자유는 잊혀지지 않는다. 그들은 늘 반란을 일으킨다"에 정확히 들어맞습니다.

군주가 직접 가서 사는 경우

두 번째 방법은 군주가 정복지에 직접 거주하는 것입니다. 1271년에 칭기즈칸의 손자 쿠빌라이 칸이 중국 대륙을 통일하고 원나라를 세웠는데, 그는 몽골 제국 수도였던 카라코룸몽골 지역을 떠나 중국의 베이징으로 수도를 옮겼습니다. 유목민인 몽골과

농경민인 중국은 생활방식이 완전히 달랐어요. 쿠빌라이 칸은 직접 중국으로 이주해 살면서 다민족·다문화를 통합하고 국가 발전을 이뤘습니다.

이탈리아 베네치아 출신의 상인이자 탐험가였던 마크로 폴로는 원나라에 가서 쿠빌라이 칸을 직접 만났고, 이후 《동방견문록》이라는 책에 이렇게 썼습니다.

쿠빌라이 칸은 아담에서 지금에 이르기까지 세상에 나타났던 어떤 사람보다도 많은 지역과 재물, 영토를 소유한 사람이다.

쿠빌라이 칸을 만난 마르코 폴로 형제
《동방견문록》의 프랑스어 판에 수록된 삽화, 15세기 작품

소수 대리인을 내세우는 경우

세 번째 방법은 그 지역 주민의 전통적 생활방식을 크게 바꾸지 않고, 군주 편에 선 소수 그룹에게 권력을 주면서 세금만 거둬들이는 겁니다.

이때 중요한 건, 그 지역에서 권력을 맡은 대리인이 공정하고 지혜로운 사람이어야 한다는 점이에요. 식민지 국민을 행복하게 해 줄 수도 있지만, 불행하게 만들 수도 있는 사람이 바로 대리인이기 때문이죠. '대리인이 독단적이거나 부패하면 결국 독립운동·반란으로 이어져, 식민지를 잃을 수 있다'고 마키아벨리는 말합니다.

마키아벨리는 오래된 전통과 자유가 있는 국가를 정복했을 때, 이 3가지 방법 중 하나를 선택하거나 섞어서 쓰는 게 좋다고 주장합니다. 실제 역사에서도 이 방식들을 적절히 융합해 쓴 군주나 제국은 식민지를 안정적으로 운영했고, 그렇지 못한 경우에는 큰 저항에 부딪혀 실패로 끝났습니다.

군주는 시련으로 강해진다

● 제6장 신군주들의 성공 조건 ●

군주론 중에서 군주들에게 시련은 기회가 되었다. 그들에게 기회가 없었다면 탁월한 역량은 발현되지 못했을 것이다. 역량이 없는 사람은 기회가 찾아와도 그것이 기회인지조차 모른다.

나는 행운이 아니라 자신의 역량으로 군주가 된 자들을 알고 있다. 모세, 키루스, 로물루스, 테세우스이다.

《군주론》6장에서 마키아벨리는 피렌체의 새로운 군주 로렌초에게 '뛰어난 군주에게 배우라'고 강조합니다. 그리고 기회를 잡고, 자기 힘으로 성공한 군주들의 사례를 알려주면서 이렇게 말하죠.

"현명한 사람은 군주들의 행동을 배워야 한다. 그러면 그들만큼 성공하지는 못해도 최소한 망하지는 않는다."

마키아벨리는 "군주에게 시련은 오히려 기회가 됐다"라고 말합니다. 만약 시련이 없었다면 그들의 탁월한 역량비르투 역시 빛을 못 봤으리라는 것입니다. 그러면서 행운포르투나이 아니라 자신의 힘으로 군주가 된 대표 사례로 모세, 키루스, 로물루스, 테세우스를 꼽습니다.

모세는 이스라엘 백성을 이집트의 노예 생활에서 해방시킨 위대한 지도자로 여겨집니다. 그는 기원전 1391년에 이집트에서 노예 생활을 하던 이스라엘인 부모에게 태어났습니다. 당시 이집트 파라오는 이스라엘인의 수가 많아지자 "이스라엘인 아기는 죽이라"는 잔혹한 명령을 내렸죠.

모세의 어머니는 아기를 구하기 위해 바구니에 담아 나일강에 띄웠어요. 그리고 우연히 파라오의 딸이 그걸 발견해 모세를 '이집트 왕자'로 키우게 됩니다. 이후 어른이 된 그는 왕자의 신분을 과감히 버리고 이집트인에게 학대받는 이스라엘인을 해방시키기 위해 독립운동을 벌입니다.

《성경》을 보면 모세의 독립운동이 얼마나 힘들었는지 알 수 있습니다. 이스라엘 백성조차 모세를 믿지 않고 원망했거든요.

그럼에도 모세는 이스라엘 백성을 데리고 이집트를 탈출하여 광야에서 40년을 떠돌며 생존 투쟁을 벌였습니다. 그가 긴 시간 광야에서 살아남을 수 있었던 것은 이스라엘 백성을 군대처럼 조직하고, 스스로를 지켰기 때문입니다.

마키아벨리는 이런 고난이 모세를 더 강인한 지도자로 만들었고, 결국 노예였던 이스라엘인을 해방했다며 '시련이 모세를 완성한 것'이라고 말합니다.

로물루스는 로마 건국 신화의 주인공으로, 로마 도시를 세우고 초대 왕이 된 인물이에요. 신화에 따르면 기원전 771년쯤 알라롱가 왕의 딸 레아 실비아가 전쟁의 신 마르스와 사랑에 빠져 아들을 낳습니다. 바로 로물루스와 그의 쌍둥이 동생 레무스입니다. 이 소식을 들은 삼촌 아물리우스는 자신이 모든 권력을 차지하기 위해 두 아이를 강에 버리죠. 다행히 늑대가 아이들을 구출해 젖을 먹이고 키웁니다.

훗날 로물루스는 로마의 초대 왕이 되어 '켈레레스'라는 최정예 부대를 결성해 나라를 지켰고, 결국 위대한 로마의 시초를 열었습니다. '로마'라는 이름도 로물루스에서 따왔답니다.

어릴 적 버려진 시련이 오히려 로물루스에게 위대한 군주가
될 기회를 주었고, 켈레레스 부대를 통해 무장한 것이 로마제국
을 건설하고 운영하는 데 도움이 되었죠.

반대로, 마키아벨리가 실패 사례로 든 인물은 사보나롤라예
요. 그는 프랑스가 피렌체를 침공했을 때 종교인 신분으로 아주
운 좋게 권력을 쟁취합니다. 그러나 그는 군주가 된 이후에 자신
을 지켜줄 군대를 만들지 않았고, 시민 몇몇에게 체포되어 화형
당하고 말았어요48페이지 참고. 만약 군대가 있었더라면 간단히 반
란을 진압했을 텐데요.

마키아벨리는 이 같은 성공사례와 실패 사례를 통해, 로렌초
에게 이렇게 말하고 싶었던 건 아닐까요?

"로렌초! 위대한 군주는 시련을 기회로 생각했다. 앞으로 피
렌체를 운영하면서 수많은 시련이 닥칠 것이다. 당신이 군대를
결성하지 않으면, 언젠가 사보나롤라처럼 화형 당하고 말 거야.
시민은 언제나 변덕스러우니까!"

쉽게 권력을 쥐었다면 체사레 보르자에게 배워라

> **군주론 중에서** 오로지 운으로 쉽게 군주가 된 자는 자신의 권력을 유지하는데 큰 어려움을 겪는다. 그들은 자신의 권력을 지키는 방법을 모르기 때문이다. 체사레 보르자는 교황이었던 아버지 덕분에 쉽게 군주가 되었지만, 권력을 유지하기 위해 기초를 다지고 기발한 통치술을 보여주었다. 그를 타인의 힘으로 쉽게 군주가 된 이들의 롤모델로 추천한다.

마키아벨리는 《군주론》 7장에서, 6장과 정반대 상황을 이야기합니다. 즉, 자기 스스로의 역량보다는 남의 도움으로 군주 자리를 얻은 경우, 어떻게 해야 권력을 유지할 수 있는지를 보여주죠. 이 장에서는 체사레 보르자를 대표 사례로 들고 있습니다.

사실 이 내용은 새 군주인 로렌초에게 전하는 충고이기도 해요. 《군주론》을 헌정받은 로렌초는 교황과 스페인의 지원을 받아서 운 좋게 군주가 된 사람이었거든요. 마키아벨리는 로렌초에게 하고 싶은 말을 책 속에 담았던 셈입니다.

체사레 보르자는 어떻게 로마냐 군주가 되었나

교황 알렉산드르 6세체사레 보르자의 아버지는 아들이 로마냐 지역의 군주가 되면 자신의 권력이 한층 강해질 거라 보았습니다. 그러나 로마냐는 콜론나·오르시니 같은 가문이 오래 힘을 쥐고 있던 까다로운 지역이었습니다.

그런데 좋은 기회가 왔어요. 프랑스가 밀라노를 정복하기 위해 교황에게 손을 내민 거죠. 교황은 프랑스가 밀라노를 정복하는 데 동의하는 대신에 '우리가 로마냐를 손에 넣도록 해 달라'는 조건을 붙입니다. 쉽게 말해, 협상의 기본인 '기브 앤 테이크'를 적극 활용한 것입니다.

체사레 보르자는 이 거래를 통해 프랑스에서 발렌티노 공작 작위를 받고, 아버지의 힘을 등에 업어 손쉽게 로마냐 군주가 되었습니다.

그러나 여기서부터 체사레 보르자의 역량이 드러납니다. 그는 손쉽게 얻은 권력을 잃지 않으려고, 아주 대담하고 치밀한 4가지 전략을 구사했거든요.

체사레 보르자의 통치 전략

첫째, 강력했던 콜론나·오르시니 가문을 철저히 고립시켰습니다.

로마를 오래 지배하던 콜론나·오르시니 가문은 마치 '작은 왕'처럼 지역 권력과 사람들의 지지를 받고 있었습니다. 체사레 보르자는 먼저 그 가문 편에 서 있던 귀족들과 상류층을 돈·지위·관직으로 매수해 자기편으로 만들었어요.

예를 들어, 콜론나·오르시니 가문을 따르던 부유층에게 큰 선물을 주거나, 군대의 지휘권을 맡기는 식으로 "체사레 보르자에게 붙으면 더 이득이 된다"는 인식을 심어준 거죠.

그러자 콜론나·오르시니는 믿을 만한 인맥과 재정 지원을 잃어 버리고 점점 고립되었습니다.

우리 속담 중에 "정승 집 개가 죽으면 문상을 가지만, 정승이 죽으면 아무도 안 간다"는 말이 있어요. 이처럼 권력이 사라지는 순간, 주변 사람들이 등을 돌린다는 걸 체사레 보르자는 잘 알았던 겁니다.

둘째, 프랑스 덕분에 군주가 됐어도, 곧바로 '독자적 군대'를 길렀습니다.

체사레 보르자는 프랑스의 지원으로 로마냐를 얻었지만, 그 덕을 오래 입고 싶어 하지 않았습니다. 언젠가 프랑스가 돌변해 "당신도 우리에게 협조하라"며 간섭할 걸 알고 있었던 거죠.

그래서 그는 스스로 강력한 군대를 육성해, 프랑스가 마음대로 간섭하지 못하게 만들었습니다. 남의 도움으로 얻은 권력은 시간이 지날수록 큰 빚이 되어 돌아온다고 보고, 자신만의 군사력으로 '프랑스에게 더 이상 기대지 않는다'는 전략을 세운 겁니다.

셋째, 겉과 속을 다르게 하여 사람들을 감쪽같이 속였습니다.

체사레 보르자는 오르시니 가문 사람들에게 호화로운 선물을 안기고, 호감을 표시하며 사이좋게 지내자고 유혹했어요. 오르시니 측이 "체사레 보르자도 그렇게 나쁜 사람은 아니네?" 하며 방심하는 순간, 치명적으로 공격해 무력화시켰죠.

마키아벨리는 이것을 '현실 정치의 냉혹함'이라고 부릅니다. '사람들은 자신의 이익이 생길 거라 믿으면 쉽게 방심한다'는 점을 체사레 보르자가 능숙하게 이용했다는 것입니다.

넷째, 상황에 적합한 사람을 발탁해서 쓰고, 상황이 바뀌면 가차 없이 버렸습니다.

당시 로마냐는 오래된 가문이 얽히고설켜 혼란스러웠는데, 체사레 보르자는 '이 혼란을 단숨에 제압할 인물'이 필요하다고 봤습니다. 그래서 잔혹하기로 유명한 레미로를 총독으로 임명했어요.

레미로는 살인과 폭력을 불사하며 로마냐를 빠르게 안정시켰습니다. 그러나 주민들이 레미로를 극도로 싫어하자, 체사레 보르자는 여론이 폭발하기 직전에 그를 처형해 버렸죠. 그런 체사레 보르자에게 시민들은 공포를 느끼면서도 환호했습니다.

한 번의 실수로 모든 것을 잃다

이렇게 철저한 권력 장악술을 쓰면서 로마냐를 거의 완전히 손에 넣은 체사레 보르자. 그러나 그는 한 번의 치명적 실수로 무너지고 말았습니다.

아버지인 교황이 죽자, 체사레가 엄청나게 괴롭혔던 율리우스 2세가 찾아옵니다. 그는 체사레에게 공손한 태도로 "저를 지지해 주면 원하는 권력을 드리겠습니다"라고 말해요. 그 말을 믿은 체사레는 율리우스 2세를 교황으로 지지합니다.

율리우스 2세의 초상
라파엘로의 1511년 작품

그러나 율리우스 2세는 즉위하자마자 체사레를 감옥에 보내 버립니다. 어쩌면 율리우스 2세는 그에게서 '상황에 적합한 사람을 쓰고, 상황이 바뀌면 가차 없이 버린다'는 전략을 배웠던 것인지도 모르겠습니다.

마키아벨리는 "체사레 보르자가 자신을 두려워하는 자를 교황으로 지지한 것은 치명적인 실수이다"라면서, 그럼에도 그가 "타인의 군대와 운으로 군주의 자리에 오른 모든 사람에게 본보기가 되는 인물"이라고 말합니다. 왜일까요?

체사레 보르자는 적을 자기편으로 만들 줄 알고, 때론 속임수로써 위험 요소를 미리 제거했으며, 동시에 독자 군대를 세워 자주국방을 했거든요. 이웃 군주들과도 완전히 등지지 않으면서 필요한 실리를 얻고, 간섭은 막아냈죠.

마키아벨리는 이 이야기를 통해 로렌초에게 '운 덕분에 군주가 됐더라도 역량 없이 오래 버티긴 힘들다'는 메시지를 전하려 했던 것입니다.

체사레 보르자가 배워야 할 군주, 김춘추

이탈리아에 체사레 보르자가 있었다면, 한반도에는 신라의 태종무열왕 김춘추가 있었습니다. 김춘추는 서기 654년에 왕실 혈통진골을 이어받아 '운 좋게 군주가 됐다'는 점에서 체사레 보르자와 닮았지만, 뛰어난 전략으로 삼국통일을 이뤄냈다는 점이 다릅니다.

당시 한반도엔 고구려·백제·신라가 나뉘어 잦은 전쟁을 벌였는데, 김춘추는 바로 이 분열을 끝내고 외세 침략으로부터 안전한 통합국가를 만들겠다는 꿈을 꾸었습니다. 그 과정에서 그가 활용한 힘은 최강대국 당나라의 군대였어요.

648년, 김춘추는 직접 당나라로 가서 "백제가 길을 막아 조공을 못 바치니, 군대를 빌려달라"고 요청했고, 660년에 당나라는 신라와 힘을 합쳐 백제를 멸망시킵니다. 곧이어 고구려도 격파하죠.

김춘추는 죽기 직전 아들 문무왕에게 "삼국을 통일한 뒤엔 당나라도 한반도에서 몰아내야 한다"라는 유언을 남겼다고 전해집니다.

실제로 신라는 7년간의 전쟁 끝에 당나라를 쫓아냈습니다. 토끼 사냥이 끝나면 사냥개를 삶아 먹듯토사구팽, 외세를 필요할 때만 쓰고 버린 것입니다.

체사레 보르자의 아버지, 교황 알렉산드르 6세는 프랑스를 이용해 이탈리아 통일을 노렸지만 실패했습니다. 그러나 김춘추태종무열왕는 당나라를 활용해 삼국통일에 성공하고 독립을 이뤄냈습니다. '운 좋게 군주가 됐다'는 공통점이 있었지만, 결과는 전혀 달랐던 셈입니다.

국보 제25호 경주 태종무열왕릉
태종무열왕릉비를 시작으로, 통일신라시대 비석들은
거북 모양 받침돌, 등껍질 위 용을 새긴 머릿돌 등
당나라의 영향을 받은 특징을 보입니다.
출처 : 경주시청, 공공누리

악행은 단번에, 선행은 천천히 오랫동안!

> **군주론 중에서** 국가를 장악할 때 불가피하게 악행을 써야 한다면 단번에 저질러 목표를 달성해야 한다. 이후 국민에게 선행을 천천히 오랫동안 베풀어서 국민의 마음을 얻어야 한다.

마키아벨리는 《군주론》 8장에서 '사악한 수단'으로 권력을 얻는 사례를 다룹니다. 그러면서 군주가 어떻게 '악행'과 '선행'을 슬기롭게 활용해야 하는지 설명하죠.

마키아벨리가 예시로 드는 인물은 아가토클레스입니다. 그는 기원전 4세기경, 이탈리아 남쪽 시칠리아섬의 가장 큰 도시인 시라쿠사에서 태어났어요.

시라쿠사는 본래 그리스인들이 세운 도시국가폴리스로, 강력한 해상·무역 도시였습니다. 그 시절 시칠리아 주변에는 크고 작은 도시국가가 많았는데, 이들 대부분은 북아프리카의 초강대국인 카르타고지금의 튀니지 근처를 경계하거나 동맹을 맺어 살아가고 있었습니다.

아가토클레스는 도공도자기를 만드는 사람 출신의 흙수저였지만, 일찍부터 군대에 들어가 전투 실력을 뽐냈고, 사령관까지 올랐습니다. 그리고 '시라쿠사의 군주가 되겠다'는 야심을 품고 구체적인 계획을 세웠죠.

그는 "긴급하게 회의할 일이 있다"며 시라쿠사의 원로원 의원과 유력 가문들을 한자리에 모이게 했습니다. 시라쿠사의 권력자들이 한 곳에 모이자, 갑자기 나팔소리가 들렸습니다. 그 순간 아가토클레스는 자신의 군대를 움직여 4천 명이나 되는 지배층을 전부 학살해 버렸어요.

한 번에 반대 세력이 사라지니 누구도 반항하지 못했고, 아가토클레스는 시라쿠사의 새 군주가 되었습니다. 마키아벨리가 말한 대로 "악행을 단번에 저질러 목표를 달성"한 셈이죠.

그런데 이 소식을 들은 아프리카의 강자, 카르타고가 시라쿠사를 포위합니다.

강대국 카르타고를 향한 과감한 전략

아프리카 북부 해안에 위치한 카르타고는 기원전 9세기경 페니키아인들이 세운 도시로, 당시 지중해 무역을 장악한 부유하고 강력한 해상국가였습니다. 시칠리아섬 일부도 카르타고의 영향권이라 할 정도였죠.

아가토클레스가 자기들의 허락 없이 시라쿠사를 차지했다는 소식을 듣자, 카르타고 지도자들은 '우리가 정의를 세우겠다'며 시라쿠사를 에워싸고 압박하기 시작했습니다.

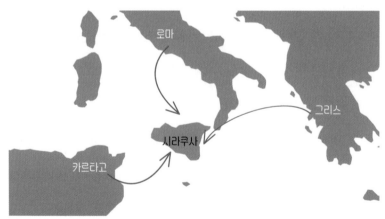

카르타고의 시라쿠사 포위

기원전 311년, 카르타고는 시라쿠사를 공격했고, 곧 도시 주위에 병력을 배치해 육로와 해안을 봉쇄했습니다. 이듬해가 되어 시라쿠사가 심각한 식량과 물자부족을 겪게 되자, 아가토클레스는 기습적으로 군대를 이끌고 아프리카(카르타고 본토)로 넘어가 역공을 펼쳤습니다.

어린 시절부터 군대에서 다양한 전투와 작전을 배웠던 아가토클레스는 뜻밖의 전략을 씁니다. 바로 포위를 뚫고 반대로 카르타고 본토를 기습 공격한 것입니다.

카르타고는 건국 이래 한 번도 그런 대규모 침략을 당해본 적이 없었어요. 당연히 방어가 엉성했고 병력도 부족했습니다.

아가토클레스는 순식간에 카르타고를 점령해 버렸죠. 그리고 '시칠리아를 내가 갖도록 인정해 주면 여기서 철수하겠다'고 협상했습니다. 자칫 수도가 완전히 무너질 수도 있던 카르타고는 결국 시칠리아섬을 아가토클레스에게 넘겨주는 치욕을 감수할 수밖에 없었죠.

악행은 폭우처럼, 선행은 장마처럼

시라쿠사로 돌아온 아가토클레스는 평민 계층의 지지를 얻기 위해 부유층과 귀족들의 재산을 몰수해 나눠주었어요. 그리고 군인들에게는 약탈 금지령을 내려서 시민들을 보호하고, 일상생활을 방해하지 않도록 했습니다.

마키아벨리의 "악행을 저질러 군주가 된 후에는 국민에게 선행을 천천히 오랫동안 베풀라"는 말을 실천한 것입니다.

시라쿠사 시민들도 시간이 지날수록 학살의 기억은 잊고, 그것이 '군주가 되기 위한 과감한 결단'이었다고 생각하게 되었어요. 아가토클레스는 악행과 선행을 효과적으로 사용한 군주였습니다.

조선에도 있었다, 이방원의 '한 번에 악행' 전략

사실 조선 역사에도 이와 비슷한 인물이 있었습니다. 바로 태종 이방원입니다. 그는 무자비하게 형제들을 살해하고, 왕위에 오른 군주입니다.

조선을 건국한 태조 이성계의 다섯째 아들인 이방원은 왕위를 물려받을 만한 위치가 아니었습니다. 게다가 태조 이성계는 이방원을 탐탁지 않게 여겼다고 전해지는데, 이방원의 일파가 조선 건국 과정에서 끝까지 고려의 충신으로 남겠다는 정몽주를 철퇴로 내리쳐 잔인하게 살해했기 때문이에요.

　이성계가 이복동생 이방석을 세자로 책봉하자, 이 소식을 들은 이방원은 격분합니다. 그리고 이복동생을 세자로 추천한 정도전 세력을 모조리 제거하고, (정도전은 이방원의 스승이기도 했습니다.) 이방석과 또 다른 이복동생인 이방번까지 살해합니다. 1398년에 일어난 이 사건을 1차 왕자의 난이라고 합니다.

　이방원은 이후 2차 왕자의 난까지 일으켜, 형인 이방간과 처남 민 씨 집안 세력도 모조리 숙청하기에 이르죠.

　결국 1400년, 이방원은 조선 3대 왕에 오릅니다.

　이후 그는 토지제도를 개혁해 세금을 공정하게 징수하고, 억울한 노비 문제를 해결하는 등 민생안정 정책을 펼쳤어요. 그리고 사병혁파 권력자들이 가진 군사 집단을 해체하고, 국가에 소속시킨 것를 통해 국방을 강화하고, 강력한 왕권 중심 정치를 구현해 조선 왕조의 기틀을 마련하였습니다.

　한 번에 큰 악행을 몰아서 하고, 그 뒤로는 선행을 베푸는 전형적인 모습이라 할 수 있습니다.

그는 1418년에 아들 세종에게 왕위를 물려줍니다. 그런데 세종의 장인 심온이 영의정이 되자 '외척이 강성해지는 걸 막겠다'며 심온을 역모죄로 몰아서 제거해 버려요. 이는 태종의 정치적 냉혹함과 현실주의적 결단을 보여주는 사건으로 평가됩니다.

이처럼 태종은 가족과 친척도 정치적 필요에 따라 무자비하게 희생시켰죠. 그러나 이러한 행동은 조선 초기에 왕권을 강화하고, 세종의 안정적 통치로 이어졌다는 점에서 긍정적으로 평가되기도 합니다.

어떤가요? 이제 마키아벨리의 '악행은 단숨에 하고, 이후에 선행을 펼쳐라'는 말이 이해가 되나요?

악행으로 왕국을 얻을 수는 있어도, 영광은 얻기 어렵다

마키아벨리는 아가토클레스를 칭찬하면서도, 《군주론》을 읽는 독자들의 비난이 걱정됐는지 8장의 마지막에 "이런 악행으로 왕국은 얻을 수 있어도, 영광은 얻을 수 없다. 무엇보다 군주는 언제나 변함이 없어야 한다"라고 말하고, 끝을 맺습니다.

즉, 단번에 악랄한 수단을 썼다면 그 이후에는 적어도 국민에게 일관성 있고 선한 이미지를 심어 줘야 한다는 것이죠.

이방원이 마키아벨리의 말을 들었다면 이렇게 말하지 않았을까요?

"마키아벨리! 네가 군주를 해 봤어? 군주의 자리는 거저 주어지는 게 아니라 피로써 쟁취하는 거야! 난 냉혹한 군주였지만, 덕분에 내 아들 세종은 안정적인 정치를 펼쳐서 한반도를 넘어 세계 역사상 가장 훌륭한 왕이 되었지. 그래도 나에게 영광이 없다고 말할 수 있나?"

갈라 치기로 권력을 유지하라

> **군주론 중에서** 공화국은 일반 시민의 지지로 군주가 되거나, 상류층의 지지로 군주가 된다.
>
> 일반 시민의 지지로 군주에 오른 자는 늘 시민을 친구로 삼아야 한다. 일반 시민이 군주에게 등을 돌리면 절대 자신을 지켜낼 수 없다. 그 이유는 일반 시민의 수가 너무 많기 때문이다.

마키아벨리는 7장에서 '행운포르투나으로 군주가 된 사람'의 통치술을, 8장에서는 '악행으로 군주가 된 사람'의 통치술을 이야기했죠. 이번 9장에서는 '시민의 지지를 받아 군주가 된 사람'의 통치술을 다룹니다.

시민의 지지로 군주가 될 수 있는 국가를 공화국이라고 하죠. 16세기에 유럽의 대표적인 공화국으로는 베네치아와 피렌체 등이 있었습니다. 특히 마키아벨리가 살았던 피렌체는 12세기부터 공화정이 정착돼 시민들이 자유의지가 높았어요.

마키아벨리는 피렌체와 같은 공화국에서 군주가 되는 데는 2가지 경우가 있다고 말합니다. 하나는 상류층귀족의 지지를 받아 군주가 되는 것이고, 또 하나는 일반 시민의 지지를 받아 군주가 되는 겁니다.

그리고 한 번 군주가 되면, 상류층보다는 수적으로 훨씬 많은 일반 시민을 친구로 삼아야 한다고 강조합니다. 일반 시민이 등을 돌리면, 어떤 군주도 자리를 지키기 어렵기 때문이에요.

군주는 계층이 서로 싫어한다는 점을 잘 이용해야 한다

마키아벨리는 스파르타의 마지막 군주 나비스를 예로 듭니다. 나비스는 군주가 된 후, 일반 시민의 인기를 얻기 위해 노예 제도를 부활시켰어요. 왜 그랬을까요? 노예들이 힘든 노동을 맡으면, 일반 시민들은 여가가 늘어나고 생활이 편해집니다. 자연히 나비스에게 환호를 보내겠죠.

나비스의 동전

그는 주로 폭군으로
묘사되나, 마키아벨리
는 그가 강력한 통치력
을 발휘한 데 대해 다른
평가를 내립니다.

그가 이런 정책을 펼친 이유는 스파르타 인구의 대부분이 일반 시민이었기 때문입니다. 노예로 전락한 하층민은 그 수가 적은 데다가 정치에 참여할 권리가 없었기 때문에 무시되었어요.

마키아벨리는 나비스의 정책이 군주로서 현명했다고 말합니다. 만약 내부의 적들이 반란을 일으키면 누가 나비스를 지켜주겠습니까? 바로 그에게 지지를 보낸 일반 시민일 것입니다.

어느 국가든 상류층, 일반 시민, 하층민이 존재합니다. 그리고 서로 사이가 좋지 않습니다.

상류층은 일반 시민과 하층민을 억압하고, 자신들의 부와 권력을 위한 도구로 활용하죠. 일반 시민과 하층민은 상류층의 억압을 싫어하고 자유를 원하는 본능이 있습니다. 각 계층은 서로 원하는 것이 달라서 현명한 군주는 계층별로 맞춤형 정책을 펼쳐야 합니다.

전통적으로 상류층은 재산과 집이 많으니, 예를 들어 세금

감면이나 부동산 정책을 유리하게 만들면 좋아합니다. 반대로 하층민은 무료 교육이나 토지 재분배, 노예 해방 같은 정책을 반깁니다.

하지만 세금 감면은 하층민이 싫어하고, 토지 재분배와 노예 해방은 상류층이 싫어했죠. 군주는 여기서 균형을 잘 잡아야 합니다. 한쪽으로 기우는 순간 군주는 미움을 받습니다.

상류층, 일반 시민, 하층민은 삼각관계입니다. 서로 독립적이면서도 서로 긴밀한 영향을 미치고 있어요. 그래서 공화국 군주는 이들을 대립시키기도 하고, 통합시키기도 하면서 슬기로운 정치를 해야 합니다. 늘 각계각층의 목소리에 귀를 기울이고, 그들이 좋아할 만한 정책을 공평하게 시행해야 하죠.

현대 정치인들이 오히려 적극 활용하는 갈라 치기 전략

그러나 현대 국가의 대통령들은 오히려 분열과 대립을 적극적으로 조장해 자신의 지지 세력을 확보합니다. 일명 갈라 치기 전략입니다.

한 가지 예로, 미국의 트럼프 대통령은 국민을 분열시킨 다음에 자신의 지지자를 분명하게 가려냅니다. 그리고 그들이 열광할 만한 정책을 펼쳐서 어떠한 경우에도 흔들리지 않는 '콘크리트 지지층'을 만들죠.

2024년 대선 후보로 다시 나선 트럼프는 "민주당 후보인 해리스를 찍는 사람들은 정신검사를 받아야 한다" 같은 극단적 발언을 서슴지 않았습니다. 그야말로 갈라 치기를 통해, 한쪽을 완전히 자기편으로 묶어두는 거예요.

미국 정치학자들은 이를 '분할과 정복divide and conquer 전략'이라고 분석합니다.

로버트 라이히 버클리대 교수는 "미국 정치는 이전부터 양극화돼 있었지만 트럼프 대통령은 이런 분열을 더욱 확대하고 조장하고 있다"고 지적했습니다. 이렇게 하는 이유는, 지지층을 확실하게 결집하는 효과가 크기 때문이죠." 어쩌면 트럼프가 《군주론》을 보고 갈라 치기 전략을 배운 건 아닌지 모르겠습니다.

한국의 경우 지역 갈등이 훨씬 심하다고 지적됩니다. 정치인들이 특정 지역을 폄하하거나, 특정 지역만 대놓고 우대하는 식으로 갈라 치기를 해 왔다는 거죠. 실제로 21대 국회의원 선거 때도 전라도는 주로 진보, 경상도는 주로 보수 성향으로 갈려 물과 기름처럼 분리된 모양새가 됐습니다.

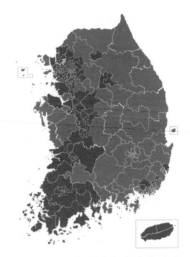

21대 국회의원 선거 결과

왼쪽은 진보층, 오른쪽은 보수층으로
나뉜 것을 볼 수 있습니다.
출처: 위키백과

1970년대까지만 하더라도 지역 갈등은 심하지 않았습니다. 그러나 1970년대 이후 정치인들이 콘크리트 지지층을 확보하기 위해 특정 지역에 사는 사람들을 비하하고, 지역별로 분열시키면서 완전히 갈라지게 돼 버렸습니다.

이로 인해 정치인은 이득을 보고, 국민은 반목서로 시기하고 미워하는 것과 갈등을 겪는 일이 계속 벌어지고 있습니다.

그러거나 말거나, 마키아벨리는 9장을 통해 로렌초에게 이런 메시지를 던집니다.

"로렌초! 피렌체는 공화국이니까 시민들 중에서도, 숫자가 가장 많은 일반 시민을 당신 편으로 삼아야 해. 상류층이 반란을 일으켜도 그들은 인원이 적어서 진압하기 쉬워. 하지만 일반 시민이 등을 돌리면 당신은 살아남을 수 없어. 그러니 필요하다면 갈라 치기도 활발히 쓰면서, 어쨌든 평범한 시민에게 꾸준히 인기를 얻도록 해. 그들이야말로 당신을 지켜줄 세력이니까!"

국방의 핵심은 튼튼한 요새와 국민의 충성심

> **군주론 중에서** 현명한 군주는 평소에 도시를 요새화하고, 국민의 마음을 얻어야 한다. 그러면 국민은 다른 나라의 침략에 맞서 끝까지 싸우고 군주를 지켜줄 것이다.

마키아벨리는 《군주론》 10장에서, 군주가 다른 나라 침략에 대비해 자기 나라를 어떻게 지켜야 하는지 알려줍니다. 강력한 성벽과 해자호수처럼 성 주위를 둘러 물길을 파놓은 것 그리고 국민의 충성심이 합쳐지면 적군이 쉽게 침략하지 못한다는 것이죠.

황제도 어쩌지 못했던 독일 도시국가들

마키아벨리가 살던 16세기 당시, 독일 지역은 신성로마제국에 속해 있었어요. 제국이라고는 하지만, 실제로는 수많은 공국·주교령·자유도시가 느슨한 연합체 형태로 자치권을 누리고 있었습니다.

독일 지역의 군주들은 자신들이 원할 때 황제에게 복종했지만, 황제를 두려워하지는 않았습니다. 누구도 쉽게 침략하지 못하도록 자신들의 도시를 튼튼한 요새로 구축했기 때문이었죠.

독일의 도시국가들은 모두 튼튼하고 높은 성벽을 쌓았습니다. 그리고 적군이 성벽에 쉽게 접근하지 못하도록 성 둘레에 물을 채우는 '해자'를 설치했어요. 해자는 성벽을 두 배로 방어합니다. 적군이 성벽을 넘으려면 먼저 해자를 통과해야 하는데, 해자에 물을 채우면 헤엄쳐 건너거나 다리를 놓아야 하므로 공격 속도를 늦추는 효과가 있거든요.

그리고 성 곳곳에 대포를 설치해서 아래에 있는 적군에게 무시무시한 포탄을 날렸죠. 특히 전쟁이 길어질 경우를 대비해 성 안에 일 년 치 식량과 땔감을 비축해 두었습니다.

이런 철저한 방어 덕분에, 황제가 '이 도시를 침략하겠다'고 해도 쉽지 않았어요. 공격해 봤자 해자 때문에 병사들이 접근하

기 어려웠고, 대포가 기다리
는 성벽을 넘기란 더더욱 힘
들었죠.

　게다가 군주들은 가난한
사람을 위한 일자리 정책도
도입해일종의 공공형 일자리 지역 주
민들의 지지를 높였다고 마키
아벨리는 전합니다. 시민이
안정적인 삶을 누릴수록 군주
에게 불만을 품고 배신할 이
유가 줄어들기 때문이에요.

**독일 바이에른 주에 위치한
로텐부르크 옵 데어 타우버**
요새의 문과 해자를 건너기 위한 다리

잔다르크, 시민과 함께 성을 지켜내다

　프랑스는 약 116년에 걸친 영국과의 백년전쟁1337~1453년으로
대부분의 영토를 잃었습니다. 1428년, 영국군은 프랑스의 주요
도시인 오를레앙을 포위해 프랑스를 완전히 점령하려 했죠.

급박한 상황에서 프랑스 왕 샤를 7세는 '신의 계시를 받았다'는 17세의 농민 소녀 잔다르크를 오를레앙을 지킬 군주이자 사령관으로 임명합니다. 잔다르크는 오를레앙 시민, 군인들과 함께 도시 성벽을 요새화했어요. 영국군의 공성 무기를 무력화하는 데 주력했습니다. 그리고 시민과 군인의 사기를 끌어올린 후에 영국군과 결사적으로 싸워 승리를 거두었습니다.

　　오를레앙을 지켜낸 덕분에 프랑스는 잃었던 영토를 되찾고 백년전쟁에서 결국 승리했습니다. 잔다르크의 승리는 전설이

〈오를레앙 전투의 잔다르크〉 쥘 외젠 르네프뵈, 1886~1890년 작품 일부분

아니라, 프랑스·영국 양쪽 기록에 남아있는 역사적 사실이랍니다. 마키아벨리가 말한 '도시를 요새화하고, 시민들이 끝까지 싸우게 만든' 대표 사례라 볼 수 있죠.

마키아벨리는 10장에서 군주에게 강조합니다.

> **군주론 중에서** 적군은 요새화된 도시를 보고 전쟁에서 승리하기란 매우 어렵다고 생각하여 사기가 꺾인다. 전투가 시작되면 군주와 국민은 하나가 되어 결사적으로 도시를 방어한다. 비록 적군에 포위되어 있어도 군주와 국민은 승리할 수 있다는 강한 믿음을 갖고 있기 때문이다.

전투가 벌어지는 건 피할 수 없지만, 튼튼한 성벽과 해자 같은 물리적 방어와 국민의 신뢰, 충성심이 잘 어우러진다면 웬만한 적은 쉽게 돌아가거나 승산이 없다고 포기한다는 거예요.

현대식으로 말하면, '국방력을 공고히 하고, 동시에 국민에게 세금, 복지, 일자리 안정을 통한 안전감과 소속감을 주는 것'과 비슷한 이야기입니다.

종교의 권위로 굳건한 나라, 교회 군주국

> **군주론 중에서** 교회 군주국을 유지하는 데는 운도, 탁월한 역량
> 도 필요 없다. 교회 군주국은 종교의 전통으로 유지되는 곳이
> 다. 국가는 있지만 수호하지 않고, 국민이 있지만 다스리지 않
> 는다. 누가 지키지 않아도 국가를 빼앗기지 않고, 교황이 다스
> 리지 않아도 신경을 쓰지 않는다. 국민은 교황을 등질 생각을
> 하지 않고 그럴 수도 없다. 그래서 교회 군주국은 안정적이고
> 행복을 누린다.

마키아벨리는 《군주론》 11장에서 교회 군주국의 사례를 다룹
니다. 다른 군주국처럼 운이나 역량이 꼭 필요하지 않은데도
안정적으로 유지되는 이유는, 바로 종교적 전통 덕분이라는 거
예요.

마키아벨리에 따르면, 교황청로마의 세속 권력이 폭발적으로

커진 것은 교황 알렉산드르 6세 때부터입니다. 어떤 군주보다도 권모술수에 능했던 알렉산드르 6세는 아들 체사레 보르자와 함께 로마냐 지역을 점령하고 통치했어요. 그리고 그의 막대한 유산은 아들이 아니라 다음 교황이었던 율리우스 2세에게 상속되었습니다.

율리우스 2세의 본명은 '줄리아노 델라 로베레'였습니다. 대부분의 교황들은 교황으로 선출되면 새로운 이름을 선택하는데, 그가 '율리우스'라는 이름을 택한 건 로마제국 시대의 율리우스 카이사르처럼 막강한 권력을 갖고 싶었기 때문이라 전해집니다.

실제로 그는 베네치아를 공격해 몇몇 도시를 포기하게 만들었고, 볼로냐를 정복하면서 교황 권력을 크게 강화했어요. 어떠한 군주도 넘보지 못할 만한 강한 교회 군주국을 이룬 것이죠.

율리우스 2세는 죽기 전에 미켈란젤로에게 유언을 남깁니다.
"모세 조각상을 만들어 나의 묘에 안치해 달라!"

미켈란젤로의 〈모세상〉

1516년 작품으로, 지금은 이탈리아 로마에 있는 산 피에트로 인 빈콜리 교회에 있습니다.
원래 율리우스 2세는 로마 성 베드로 대성당 내에 웅장한 무덤을 세울 계획이었지만,
예산 문제로 축소된 기념비는 이곳 교회로 옮겨졌어요.

미켈란젤로는 모세의 머리에 2개의 뿔을 달았습니다. 그 이유에 관해서는 여러 설이 있지만, 권력을 지극히 탐했던 율리우스 교황을 비난하려는 의도도 있었던 건 아닐까요?

바티칸 시국: 지금도 이어지는 유일한 교회 군주국

옛날 교회 군주국의 전통은 지금의 바티칸 시국으로 남아 있

습니다. 바티칸 시국은 전 세계에서 가장 작은 독립국인데, 동시에 가톨릭교회의 중심지이기도 해요. 교황이 국가원수이자 가톨릭교회 최고 지도자로, 입법·사법·행정권을 전부 쥐고 있는 절대 군주국입니다. 교황은 '평생직'으로, 스스로 물러나거나 사망할 때까지 권좌를 유지하죠.

오늘날 교황의 역할은 바티칸에만 국한되지 않습니다. 교황은 전 세계 약 12억 명에 이르는 가톨릭 신자를 대표하며, 평화·인권·기후위기 등 글로벌 이슈에서 영향력을 행사합니다. 여러 분쟁 지역에서 갈등을 중재하거나 전쟁을 막으려는 목소리를 자주 내기도 해요.

마키아벨리는 11장 마지막에 "율리우스 2세 이후 즉위한 레오 교황은 군대가 아니라 교황이 가진 선함과 역량을 발휘해, 더 강력한 교회 군주국을 만들었다"고 썼습니다. 그러면서 교황은 누군가를 무력으로 억누르는 대신, 진정한 덕과 신뢰로 그 자리를 빛내야 한다는 메시지를 전하죠. 한 마디로, 교황의 권위는 강한 군대가 아니라, 종교적·도덕적 기반을 통해 안정적으로 유지된다는 뜻입니다.

자국의 군대를 보유한 군주만이 살아남는다

● 제12장 용병과 자국군의 차이 ●

군주론 중에서 군주가 국가를 수호하기 위해서는 자국 군대 보유가 필수적이다. 군주가 국군통수권자가 되어서 최고 사령관이 되어야 한다. 나는 오직 공화국의 자체 군대만이 위대한 업적을 이룬다고 생각한다. 피렌체 서기장을 하면서 용병은 손해만 끼치는 존재임을 직접 경험하였기 때문이다.

용병을 고용하면 평화로울 때는 용병에게 재산을 약탈당하고, 전쟁 때는 적에게 국가를 약탈당한다. 그 이유는 용병은 돈을 받고 고용되었기 때문에 국가에 대한 애국심이 없고, 국가를 위해 목숨 바쳐 싸우지 않는다.

마키아벨리는《군주론》12장에서 '군주가 스스로 국민 만든 군대를 갖지 않으면, 국가를 제대로 지킬 수 없다'고 말합니다. 다른 나라 군대를 빌리거나 돈으로 용병을 사서 방어하면 결국 실패로 이어진다는 주장이죠.

당시15~16세기 이탈리아 도시국가들은 대체로 자국군 없이 용병대장을 고용해 국방을 맡겼습니다. 피렌체도 마찬가지였죠.

피렌체는 프랑스, 교황, 스페인 등의 강대국으로부터 끊임없는 침략과 위협에 시달렸습니다. 마키아벨리는 15년 동안 피렌체의 서기장으로서 외교와 국방을 담당하며, 자국 군대가 없어서 강대국이나 용병에 목숨을 맡길 수밖에 없는 현실에 치를 떨었습니다.

마키아벨리의 주요 업무는 용병대장과 계약 협상을 하고, 전쟁이 터지면 "나가서 싸워라! 왜 안 싸우는가!"라며 발바닥에 땀나도록 뛰어다니면서 용병에게 전투를 독려하는 것이었어요.

그때마다 용병들은 들은 체 만 체 했고, 월급이라도 밀리면 전쟁터에서 철수하겠다며 협박을 일삼았습니다. 게다가 밤에는 위험하다며 공격을 안 하고, 겨울에는 춥다며 전투를 거부했죠. 평화 시기엔 시민 재산을 뜯어먹기 일쑤였으며, 막상 적이 쳐들어오면 제대로 싸우지도 않았어요.

용병대장에서 군주가 된 프란체스코 스포르차

그러면서 마키아벨리는 밀라노의 용병대장으로 근무하다가 쿠데타를 일으켜 밀라노 군주가 된 프란체스코 스포르차에 대해 이야기합니다.

이탈리아 북부 지방의 도시국가 밀라노는 베네치아의 침략

프란체스코 스포르차의 초상
1460년경 작품

에 대응하기 위해 프란체스코를 용병대장으로 임명합니다. 1447년, 밀라노 군주가 사망하자 그는 적국 베네치아와 몰래 손잡고, 자신이 데리고 있던 용병대로 쿠데타를 일으켜 밀라노를 차지해 버렸습니다.

1450년, 프란체스코는 밀라노 용병대장에서 밀라노 군주가 되었습니다.

마키아벨리는 로마와 스파르타가 강성했던 이유는 자국 군대를 결성해 스스로 무장했기 때문이라고 말합니다. 그러나 당

시 이탈리아의 도시국가들은 자국군이 없기에 '프랑스 샤를 8세에게 짓밟히고, 루이 12세에게 약탈당하고, 스페인 페르난도 2세에게 유린당하고, 스위스인들에게 치욕을 당한다'고 말하죠.

11장에는 마키아벨리의 속마음이 강하게 드러납니다. 피렌체 군주 로렌초가 스페인 등의 외국 군대를 끌어와 쉽게 군주 자리에 오르긴 했지만, 정작 자국 군대는 없다는 점을 지적한 거죠.

그는 이렇게 말하고 싶었을 거예요.

"로렌초, 네가 군주가 된 건 사실 스페인 군대를 끌어들였기 때문이야. 만약 그때 피렌체에 스스로 무장한 자국군이 있었다면, 네가 군주가 될 일은 없었을 거야. 조심해! 언젠가 누군가가 너처럼 외국군을 이끌고 와서 너를 죽여 버릴지도 몰라!"

한 마디로, '남의 군대로 군주가 된 자는 결국 남의 군대에 의해 망한다'는 충고입니다. 남이 아니라 스스로 지켜야 한다는 마키아벨리의 말이 500년이나 지난 지금도 의미 있게 와닿지 않나요?

타국 군대에 의존하지 말고, 자주국방하라

● 제13장 용병의 위험 ●

> **군주론 중에서** 군주가 다른 나라의 지원군을 불러들이면 언제나 피해를 당한다. 군주가 지원군의 도움으로 승리한다 해도, 지원군이 군주를 배반하고 그 땅을 차지하는 경우가 많기 때문이다.

마키아벨리는 《군주론》 13장에서 '군주가 다른 나라의 지원 군에 의존하면 안 된다'고 경고합니다. 그리고 자주국방, 즉 자국 군대를 육성해 나라를 지키는 것이 얼마나 중요한지 강조하죠.

먼저 마키아벨리는 피렌체의 사례를 설명합니다. 1494년, 피렌체가 지배하던 피사가 독립을 선언했습니다. 피렌체는 피사를 재탈환하기 위해 프랑스에 1만 명의 지원군을 요청했어요. 프랑스는 흔쾌히 수락했습니다. 피렌체를 돕는다는 명분으로 이탈리아에서의 영향력을 키우려는 속내였어요. 그렇다 보니 프랑스군이 이탈리아에 발을 들이는 순간부터 피렌체는 혼란의 소용돌이에 빠져들었습니다.

프랑스군은 피렌체 정부의 말을 듣지 않고 사사건건 간섭하며 문제를 일으켰습니다. 게다가 그 많은 군인을 먹이고 재우고 무장시키는 비용까지 피렌체가 모두 부담해야 했어요. 프랑스 병사들은 점령군처럼 행동해 피렌체 시민을 괴롭혔고, 이는 피렌체 시민의 큰 불만을 샀죠.

피사를 정복하기 위해 프랑스군을 이용하려던 애초의 계획은 오히려 피렌체의 독립성과 안정성을 해치는 결과를 낳았습니다. 순진하게 프랑스군을 이탈리아 땅에 불러들인 것이 프랑스의 야심만 키운 꼴이 된 것입니다.

명나라에 의존한 조선의 비극

마키아벨리 시대로부터 100여 년 뒤, 조선에서도 비슷한 상황이 벌어졌습니다. 1592년 5월, 일본군이 부산에 상륙해 순식간에 부산진과 동래성을 무너뜨립니다. 임진왜란이 시작된 것입니다. 파죽지세로 진격한 일본군은 6월 11일, 수도 한양까지 점령합니다.

다급해진 선조는 수도 한양과 백성을 버리고 최북단 의주까지 도망갑니다. 조금만 더 가면 중국 명나라였죠. 극심한 공포로 공황 상태에 빠진 선조는 아예 북쪽 국경을 넘어 명나라로 피신하고자 했습니다. 영의정 류성룡은 이를 강력히 반대하면서 이렇게 말했습니다.

"전하, 국경을 넘어 명나라로 들어가면 이제 조선은 전하의 나라가 아니게 됩니다. 명나라로 피신하면, 조선이 스스로의 주권을 포기한 것으로 보일 수 있습니다. 백성들이 이 사실을 알면 크게 절망할 것입니다."

결국 선조는 류성룡의 강한 반대에 부딪혀 명나라로 달아나지 못했습니다. 대신, 명나라에 지원군을 간청했어요. 명나라 역시 '일본이 조선을 넘어 우리 땅까지 쳐들어올 수 있다'고 보고 파병을 결정합니다.

그런데 막상 한반도에 도착한 명나라 군대는 생각처럼 열심히 싸우지 않았습니다. 1593년 벽제 전투에서 일본군에게 지자, 명나라 장수들은 개성으로 후퇴해 전투할 의지를 잃었어요. 류성룡이 "왜 재반격을 안 하느냐"고 독려해도, "군량이 없다"고 불평하거나 "병이 났다"는 핑계를 대며 시간을 끌었습니다.

이때 명군에게 식량과 마초^{말 사료} 등을 대주느라 조선은 재정이 바닥나 버렸어요. 명나라 장수들은 류성룡에게 폭언과 협박을 일삼기까지 했습니다. 이때의 비참했던 순간을 류성룡은 《징비록》에 남겼습니다.

하루는 여러 장수가 군량이 떨어진 것을 핑계 삼아서 제독에게 군사를 데리고 돌아가자고 청하자, 제독은 크게 화를 내었다. 그리고 나와 호조판서 이성중, 경기 좌감사 이정형을 불러 마당에 꿇어 앉히고 큰 소리로 꾸짖으면서 죽이려 하였다. 나는 제독의 화가 풀릴 때까지 계속 사과를 했다. 그러면서 나랏일이 이 지경에 이른 것을 생각하자 나도 모르게 눈물이 흘러내렸다.[12]

여러분! 조선의 재상이었던 류성룡이 명나라의 한낱 장군에게 무릎 꿇고 사과하면서 눈물마저 흘리는 비참한 장면이 그려

지시나요?

임진왜란 때 백성들은 "일본군은 얼레빗, 명나라군은 참빗"이라고 말했습니다. 일본군은 '얼레빗간격이 넓은 빗'처럼 마구잡이로 파괴하고, 명나라 군은 '참빗간격이 촘촘한 빗'처럼 집집마다 파고들어 약탈과 폭력을 저지른다고 탄식한 것이죠. 그처럼 명나라 지원군의 점령군 행세가 심각했던 것입니다. 오죽하면 백성들이 전쟁을 일으킨 일본군보다 조선을 지원하러 온 명나라군을 더 미워했을 정도였습니다.

이제 왜 마키아벨리가 '다른 나라의 힘을 빌리지 말고, 자국 군대를 육성해 스스로 지켜야 한다'고 그토록 강조하는지 아시겠죠? 국방을 다른 나라에 맡기는 것은, 목숨을 그 나라에 맡기는 것과 똑같답니다. 결국 자기 나라의 군대를 키우는 '자주국방'이야말로 살아남는 길인 것이죠.

조선의 명재상, 류성룡과 《징비록》

류성룡은 1542년중종 37에 태어나 1607년선조 40에 세상을 떠난 조선 중기의 대표적 관료로서, 이황을 계승한 학자이기도 합니다. 임진왜란 초기에 선조가 수도를 버리고 도망가려 하자, 끝까지 붙들면서 "나라를 지켜야 한다"고 호소했죠. 특히 이순신 같은 인재를 발탁해 왜군을 격퇴하는 데 큰 역할을 했습니다.

전란이 끝난 뒤에는 자신이 겪은 일을 기록으로 남겨 후대의 교훈을 삼도록 했는데, 그 책이 바로 《징비록》입니다. "다시는 이런 전쟁을 겪지 말자"는 뜻을 담아 쓴 기록으로, 외교, 군사, 정치 등 당시 상황을 세세히 담고 있어 우리 역사에서 매우 중요한 전쟁사 자료로 꼽힙니다. 특히 전쟁 중에 명나라 군대와의 갈등, 백성들의 고통, 조선 조정의 혼란 등을 거침없이 폭로해서 오늘날까지도 진솔하고 귀중한 기록이라는 평가를 받습니다.

류성룡 표준 영정
출처: 전통문화포털, 공공누리

군주는 전쟁의 기술을 배워야 한다

군주론 중에서 군주는 전쟁의 기술을 습득하는 데 집중해야 한다. 전쟁의 기술은 군주가 자신의 지위를 유지하고, 군주가 아닌 자는 군주의 지위에 오르게 한다.

군대를 이해하지 못하는 군주는 군사들의 존경을 받지 못하고, 시민의 경멸을 받는다.

마키아벨리는 《군주론》 14장에서 '군주는 군사와 전쟁의 기술을 반드시 익혀야 한다'고 주장합니다. 군주는 언제든 외부 침략이나 내부 반란에 맞서 국가를 지켜야 하는데, 그 과정에서 군사력과 전략이 핵심이기 때문이죠.

그는 군주가 전쟁의 기술을 익힐 수 있는 3가지 방법을 제시합니다.

첫째, 사냥과 운동으로 전쟁의 기술을 익히는 것입니다.

마키아벨리는 사냥을 하면 "자연스럽게 신체를 단련하고, 지역의 지리적인 특성을 배우고, 산세가 어떤지, 계곡은 어떤지, 평야는 어떤지, 강과 습지의 특성이 무엇인지 파악할 수 있다"고 말합니다. 그리고 군사들의 체계와 체력 유지를 위해 꾸준히 운동을 시키라고 조언하죠.

마키아벨리와 비슷한 시기에 살았던 세종대왕은 직접 군사를 이끌고 사냥을 통해 군사 훈련을 하는 '강무'를 자주 실시했습니다. 조선 시대에 가장 많은 강무를 연 왕이 세종입니다. 그에게 강무는 단순한 사냥이 아니라, 군사들을 야외에서 기동시키고 전투 감각을 높이는 일종의 합동 훈련이었죠. 이를 통해 세종은 강력한 군대를 육성하여 남쪽으로는 대마도를 정벌하고, 북쪽으로는 4군 6진을 개척해 영토를 확장했습니다.

둘째, 역사에서 전략을 배워야 합니다.

마키아벨리는 과거 위대한 군주나 장군들이 전쟁에서 어떻게 승리 혹은 패배했는지 잘 살펴보라고 권합니다. 그들의 전략과 전술, 병사들의 사기 관리, 보급·보호 방식을 파악하고 나면 실전에서 시행착오를 줄일 수 있다는 거예요.

셋째, 전쟁은 평화로운 시기에도 계속 대비해야 합니다.

마키아벨리는 '평화는 언제든 깨질 수 있다'고 단언합니다. 갑작스러운 침략에 대비하려면, 군주는 평소에 군대를 자주 훈련시키고, 무기도 정비해야 하죠. 전쟁은 실제로 닥쳐서 대응하면 이미 늦다는 것이 마키아벨리의 지론입니다.

마키아벨리가 15장을 쓸 당시와 지금은 시대적 환경이 크게 다릅니다. 그러나 군주가 전쟁의 기술을 얻는 3가지 방법의 원리는 여전히 유효해요. 우리나라 대통령도 매년 '을지프리덤실드'라는 군사훈련에 참가해 '전시 상황에 대비한 국가 전쟁 수행 능력을 직접 확인하고 점검'합니다.

미국의 초대 대통령 조지 워싱턴은 이렇게 말했습니다.

"평화를 지키는 최선의 방법은 전쟁에 대비하는 것이다."

04

● 군주론 속으로 ●

현실 정치를
하는 방법

필요할 때 악행을 결심할 줄 알아야 한다

● 제15장 군주의 결단 ●

> **군주론 중에서** '어떤 것이 좋은 삶인가?(이상)'와 '실제로 어떻게 살아야 하는가?(현실)'의 차이는 너무 크다. 현실을 버리고 이상을 추구하면 파멸에 이른다. 필요할 경우 군주는 악행을 실행해야 한다. 그것이 당장은 악행으로 보이지만, 결과적으로 국가의 안정을 얻고 좋은 일이 되기도 한다. 그러나 군주는 악행을 행할 때 신중해야 한다. 악명이 커지면 국민의 마음이 떠나서 군주는 국가를 잃는다.

마키아벨리는 15장부터 군주가 실천해야 하는 현실 정치를 제시합니다. 마키아벨리를 '냉혹한 악마'라고 말하는 사람들은 주로 15장부터 나오는 내용을 근거로 그렇게 주장하는 것입니다. 하지만 앞서도 말했듯, 그건 오해입니다. 무엇이 진실이고, 오해인지 살펴보겠습니다.

이상과 현실의 정치는 다르다

서양에서 국가와 군주에 대해 처음으로 체계적인 이론을 제시한 사람은 플라톤입니다. 그래서 플라톤을 정치철학의 창시자라고도 하죠.

플라톤이 《국가》에서 제시한 군주는 '지혜와 덕을 겸비하고 사리사욕 없이 국가의 이익을 위해 헌신하는 이상적인 통치자'입니다. 그러나 이는 현실 정치와 거리가 멀죠.

잠깐!

플라톤의 《국가》 vs. 마키아벨리의 《군주론》

고대 그리스 철학자 플라톤은 《국가》에서 "가장 이상적인 정치 형태는 지혜롭고 선한 철인이 통치하는 것"이라고 봤습니다. 반면, 마키아벨리는 《군주론》에서 인간의 본성과 심리를 이용하는 군주의 모습을 제시해요.

플라톤은 윤리와 철학에 근거하여 '어떤 군주가 되어야 하는가?'에 대한 답을, 마키아벨리는 "군주가 어떻게 살아남고, 나라를 지킬 것인가?"에 대한 답을 찾은 것입니다.

마키아벨리는 "군주가 현실을 멀리하고, 이상적인 미덕을 추구하면 파멸의 길로 빠져 든다"고 경고합니다. 그는 모든 사람이 악행이라고 욕하더라도, 현실적으로 필요하다면 군주는 과감하게 악행을 실행해야 한다고 말하죠.

여기서 중요한 것은 '필요한 상황'입니다. '무턱대고 악행을 저지르라'는 뜻이 아니라, '국가와 국민을 지키기 위한 공공의 목적이라면 필요하다'는 겁니다.

실제 사례를 볼까요? 2022년, 러시아가 우크라이나를 침공했습니다. 2024년 10월에 미국 정보기관에서 발표한 우크라이나의 총사상자는 30만 7천 명입니다. 그중에 전사자는 약 5만 7천 명이고, 부상자는 25만 명이라고 해요. 러시아는 전쟁 중 국제법에 금지된 화학무기를 사용했다는 의혹을 받고 있습니다.

그런데 2024년 12월 17일, 러시아의 모스크바에서 폭발사고로 러시아 핵·생물·화학 사령관이던 키릴로프가 사망했습니다.[13] 키릴로프가 폭발로 사망하자, 곧바로 우크라이나 보안국은 자신들이 이 폭발의 배후라고 시인했어요. 이런 중요한 작전을 대통령의 승인 없이 했을 리 없으니, 우크라이나 대통령은 국제법에 금지된 테러 행위를 명령한 셈입니다.

테러 행위는 분명히 악행이죠. 아마도 우크라이나의 젤렌스키 대통령은 러시아의 화학무기에 더 이상 국민을 희생시키지 않으려면 악행이 필요한 상황이라고 판단했을 겁니다.

마키아벨리가 15장에서 피렌체 군주 로렌초에게 하고 싶었던 솔직한 말은 이게 아니었을까요?

"로렌초! 군주는 과감하게 악행을 결심할 수 있어야 해. 그런데 그 악행은 국가와 국민을 위한 공공의 목적일 때만 실행해야 하는 거야. 너 혼자 잘 살겠다고 악행을 저지르면, 넌 파멸하고 말아. 그걸 명심해!"

미움을 받지 않으려면 인색해야 한다

> **군주론 중에서** 군주가 국가 예산을 절약하지 않으면 국가는 망한다. 군주는 국민의 재산을 강탈하지 않고, 빈곤에 처하지 않고, 경멸받지 않기 위해 인색해야 한다. 인색함이란 군주가 신민을 지배할 수 있게 해주는 악덕 가운데 하나이다. 군주가 인색하면, 그의 수입은 충분해 일반 시민에게 부담을 주지 않아도 된다. 관대한 군주는 일반 시민에게 막대한 부담을 지워서 나중에 국민의 미움과 경멸을 받게 된다.

마키아벨리는 《군주론》 16장에서 "군주는 국민에게 미움을 사지 않으려면 인색해야 한다"고 주장합니다. 보통 사람들은 '인색하다'고 하면 구두쇠나 욕심쟁이처럼 부정적인 이미지를 떠올리는데, 마키아벨리는 왜 반대로 인색해야 한다고 말한 것일까요?

군주의 인색함이란 무엇일까?

먼저, 기원전 4세기경 그리스 철학자 아리스토텔레스가 쓴 《니코마스 윤리학》을 살펴볼까요. 이 책은 그가 아들또는 제자 니코마코스에게 전해준 윤리 사상을 정리한 것으로, '덕德'을 실제 생활에서 어떻게 실천할지 다룹니다. 아리스토텔레스는 "너무 인색하면 구두쇠, 너무 후하면 낭비"라며 둘 사이의 중간중용을 지키라고 강조했어요.

그러나 마키아벨리는 단호하게 "군주는 인색해야 한다"고 주장합니다. 그가 말하는 인색함은 개인의 인격적인 '덕'이 아니에요. 어떻게 하면 국가가 망하지 않고 오랫동안 지속될 지에 관한 현실 정치에서의 인색함이죠.

국민에게 인기를 빠르고 쉽게 얻기 위해서는 무료 복지를 늘리면 되는데, 이런 정책을 '포퓰리즘'이라고 합니다.

어느 날 지지율이 떨어진 대통령이 모든 국민에게 매달 100만 원씩 나눠주겠다고 하면 지지율이 잠시 올라갈 수는 있습니다. 그러나 국가 재정은 점점 어려워질 것이고 언젠가는 그 돈을 지급 못 하는 순간이 오죠. 돈을 받다가 못 받게 된 국민은 대통령을 미워하고 경멸하게 됩니다.

이런 사례는 역사적으로 많았는데, 대표적인 것이 로마의 멸망을 부추긴 '빵과 서커스' 정책입니다.

빵과 서커스 정책이란

고대 로마에는 아노나 제도라는 식량 공급·분배 정책이 있었어요. 원래 아노나 제도는 빈민들에게 시세의 절반 값으로 곡물을 공급하는 것이었습니다.

기원전 58년, 로마의 정치인 호민관_{평민 대표로 맡는 관직} 클로디우스가 곡물을 무료로 나눠주는 클로디우스 곡물법을 제정해요. 처음에 4만 명 정도였던 수혜자의 수는 곧 32만 명으로 늘어났어요. 당시 로마 인구가 100만 명 정도였으니, 무려 1/3 가량이 혜택을 받은 셈입니다.

그로부터 250여 년이 흐르자 무료로 배급되는 식량은 빵과 올리브 오일, 소금으로 확대됐고, 270년경 아우렐리아누스 황제

시기에는 와인과 돼지고기까지
추가되었습니다.

한편, 로마의 권력자들은 시민
들의 환심을 사기 위해 콜로세움
등에서 열리는 서커스나 검투사
경기의 입장권을 공짜로 배포했
어요. 이처럼 식량과 오락을 무료
로 나눠줬던 로마의 정책을 '빵
과 서커스' 정책이라고 합니다.

고대 폼페이의 벽화 일부
폼페이는 고대 로마제국의 도시로,
베수비오 화산의 폭발로 화산재에
묻혔다가 발굴되었어요.

당시의 유명한 시인 유베날리스는 이렇게 말했습니다.

한때 권력, 통치권, 군단, 모든 것을 부여했던 자들이 이제는 오직
두 가지를 열망한다. 빵과 서커스.

로마 시민들이 정치적 참여보다는 무상 혜택에 의존하게 되
었다는 것이죠.

나중에 율리우스 카이사르가 수혜자 수를 제한했지만, 무상

배급의 원칙은 유지되었어요. 이는 로마 재정에 막대한 부담을 주어, 제국이 재정 파탄에 이르는 원인 중 하나가 되었습니다.

무리한 '관대함'이 부른 파탄

현대에도 비슷한 일이 있었어요. 1999년, 우고 차베스는 베네수엘라 대통령이 되었어요. 베네수엘라는 남아메리카 북부에 위치한 나라로, 석유가 풍부한 자원 부국이었습니다. 차베스는 석유 수출로 번 거대한 돈을 바탕으로 무상주택, 무상교육, 무상의료, 식료품 보조금 등을 국민에게 제공했어요.

처음엔 그 효과가 즉각적으로 나타났습니다. 가난했던 사람들의 생활 수준이 눈에 띄게 좋아졌고, 그의 인기는 하늘 높은 줄 모르고 치솟았죠.

그런데 한때 1배럴당 120달러에 육박하던 석유 가격이 20달러로 폭락하자, 국가 살림이 갑자기 바닥나 버렸어요. 정부는 더 이상 무상 정책을 유지할 돈이 없었고, 결국 국가 부도 상태에 빠졌습니다.

석유 값이 떨어지자 물가는 급속도로 올라가고, 사람들은 일자리를 잃었어요. 베네수엘라 국민 다수는 극심한 빈곤에 시달리게 되었고요. 오늘날 차베스는 국가를 망친 주범으로 베네수엘라를 넘어 세계인의 비난을 받고 있습니다.

마키아벨리에 대한 수많은 오해를 일으키는 문장 중 하나가 바로 16장의 "군주는 국민에게 인색해야 한다"입니다. 여기서 마키아벨리가 말하는 인색함은 '군주가 국민을 대하는 태도나 인성'에 관한 것이 아닙니다. 군주는 국가 예산을 인색하게 절약해서 써야 한다는 뜻이죠.

군주의 입장에서 '관대할 것이냐, 인색할 것이냐'는 어느 쪽도 쉽게 선택하기 어려운 딜레마입니다. 그러나 마키아벨리는 명확하게 답을 제시합니다.

"잠깐의 인기를 얻으려면 관대하고, 지속적인 인기를 얻으려면 인색해야 한다."

사랑보다는 두려움의 대상이 되어라

마키아벨리는《군주론》17장에서 '군주가 국민에게 사랑을 받는 것과 두려움을 주는 것 중 어느 쪽이 더 유리할까?'라는 질문에 답합니다.

그는 피렌체 서기장으로 일하면서 여러 국가적 위기를 외교 협상으로 풀어야 했습니다. 그 과정에서 고도의 심리전을 배울 수 있었죠. 이런 경험을 통해 마키아벨리는 현실적인 인간 본성에 대한 깊은 통찰을 얻었습니다.

그리고 군주가 국민에게 사랑받기보다는 두려움을 심어줄 때 법질서가 잘 지켜지고, 강력한 권력을 행사할 수 있다는 결론에 이릅니다. 이 때문에 '마키아벨리는 잔인함을 좋아하고, 공포를 조장한다'는 편견이 크지만, 그가 17장에서 하는 말을 살펴보면 어디까지나 오해라는 걸 알 수 있습니다.

군주론 중에서 모든 군주는 잔인하다고 평가받지 않고, 자비롭게 평가받기를 원해야 한다. 그러나 군주가 너무 인자하면 살인 등 사회범죄가 발생해도 처벌을 약하게 해서, 범죄가 늘어나 국민에게 그 피해가 돌아간다. 군주가 살인자 한 명을 처형시키면 그 피해는 한 명으로 줄어든다.

국민에게 두려움의 대상이 되는 것이 사랑받는 것보다 더 안전하다. 군주가 두려우면 사람들이 군주를 절대로 배신하지 않는다. 왜냐면 처벌이 매우 두렵기 때문이다.

군주가 국민에게 두려움의 대상이 되어야 하지만, 사랑받지 못하겠다면 최소한 미움은 받지 않아야 한다. 군주는 남의 재산을 뺏지 않고, 여자에 대한 욕망을 절제하면 미움만은 피할 수 있다.

어떤가요? 마키아벨리의 주장은 현실에 근거한 합리적인 이야기입니다. 그가 말하는 공포와 두려움이란, 군주가 확고한 권위를 가지고 단호한 처벌의 원칙을 지켜서 '법을 어기는 건 위험하다'는 인식을 심어 주라는 것입니다.

또한 그는 '인간은 감사할 줄 모르고, 앞과 뒤가 다르고, 위선

적이며, 자신의 이익을 추구하기 때문에' 언제든지 군주에게 반기를 들 수 있다고 지적합니다. 따라서 인자함보다는 두려움으로 반란의 싹을 잘라야 한다고 말합니다.

실제로 체사레 보르자는 잔인한 방식으로 로마냐 지방을 통일해서 화합시키고, 시민들에게 충성을 얻어냈죠.

전쟁사에서 유명한 카르타고의 명장 한니발도 마찬가지입니다. 한니발은 기원전 3세기경 로마를 멸망 직전까지 몰고 갈 만큼 뛰어난 전술가였어요.

그는 병사들에 대해 엄격하고 처절한 징벌을 내렸습니다. 이는 다양한 민족 출신으로 이뤄진 군대를 단결시키는 데 효과적이었죠. 명령을 어기거나 탈영한 자는 곧바로 처형했기에, 병사들은 한니발을 사랑하진 않았지만, 공포심에 절대 복종했습니다.

그러나 앞서 말했듯, 잔인함은 꼭 필요한 상황에서 단호하고 짧게 효과적으로 보여줘야 합니다. 잔인함이 반복되고 길어지면 반드시 군주에게 칼이 되어서 돌아옵니다.

이순신 장군이 강철 같은 군율로 다스린 이유

카르타고에 한니발이 있었다면, 조선에는 이순신 장군이 있었습니다. 이순신 장군은 임진왜란 7년1592~1598년 동안 《난중일기》를 썼습니다. 《난중일기》에는 탈영병을 곧바로 사형에 처해 본보기를 삼았다는 기록이 자주 등장하죠.

1592년 5월 3일 자 일기에는 "황옥천이 적 소식을 듣고 집으로 도망갔기에, 잡아서 목을 베고 내다 걸었다"라는 무시무시한 내용이 담겨 있습니다.

1597년, 조선 수군을 지휘하던 원균은 칠천량경상도 통영 앞바다 인근의 해역에서 대패했습니다. 모조리 부서져 바닷속에 가라앉고, 남은 배가 없을 정도의 참혹한 패배를 겪었죠. 당시 원균은 '통제사'라는 직함을 갖고 있었는데, 통제사는 조선 수군의 최고 지휘관을 뜻해요.

칠천량에서 수군이 거의 전멸하다시피 하자, 정부는 다시 이순신을 통제사로 임명했습니다. 이순신은 폐허가 된 조선 수군을 간신히 수습해, 거북선 한 척도 없는 상황에서 전선 13척만으로 적의 함대 수백 척에 맞서 전투를 준비했습니다. 그런데 적군의 엄청난 규모를 보고 겁이 난 거제 현령현 단위 지방의 수령 안위가 몰래 배를 돌려 도망가려 했어요.

이를 안 이순신 장군은 안위를 불러 크게 꾸짖었습니다.

"안위야! 네가 진정 군법에 죽고 싶으냐? 도망간다고 어디 가서 살 것이냐?"

안위는 이순신 장군이 평소 탈영 병사를 가차 없이 처형하는 모습을 자주 봐 왔기 때문에, 이것이 단순 협박이 아님을 바로 알아챘습니다. 결국 안위는 다시 전투에 앞장섰고, 큰 공을 세웠어요. 자칫 대패할 뻔했던 싸움은 대승으로 끝났습니다.[14] 이것이 바로 그 유명한 '명량대첩'입니다.

이렇게 군율 앞에서는 한없이 냉혹했던 이순신 장군이지만, 막상 전투에서 승리한 뒤 임금에게 보고서를 올릴 때는 말단 병사의 공적까지 세세히 적어서 보고했던 진정한 명장이었습니다. 철저한 군율로 병사들에게 두려움을 심어 주면서도, 공을 세운 이들은 놓치지 않고 칭찬하여 보상했던 것이죠.

일본의 해군대학교 교관이었던 사토 데스타로는 해군생도를 교육시키기 위한 책 《제국국방사론》에서 이순신 장군을 이렇게 평가했어요.

동양에서는 한국 장수 이순신이, 서양에서는 영국 장수 넬슨이 최고 이다. 그러나 넬슨은 이순신과 도저히 견줄 수 없을 정도로 낮은 장 수며 인격과 천재적 창의성 면에서 이순신의 적수가 되지 못한다. 이순신은 불행하게도 조선에서 태어나 서양에 전해지지 않았지만 실로 훌륭한 해군 장수였다.

만약 마키아벨리가 이순신 장군을 알았더라면 로렌초에게 이 렇게 말하지 않았을까요?

"로렌초! 유라시아 동쪽 끝에는 이탈리아 반도와 비슷하게 생 긴 한반도가 있어. 거기 이순신이란 명장에게서 배울 점이 많다 네. 매우 인자한 인격자지만, 누군가 군율을 어기면 망설임 없이 처형했고, 반대로 믿을 만한 사람에겐 한없이 따뜻했다지.

이순신 장군이 탈영한 병사의 목을 벤 날, 사실 그는 밤새 극 심한 괴로움과 공포에 시달렸을 거야. 그러나 위대한 군주와 위대한 장군들은 필요한 상황이 오면 두려움을 극복하고, 스스로 가장 공포스러운 존재가 되어야 한다네. 잊지 말게!"

다시 한번 17장의 본문을 읽어 보시죠. 흔한 오해와 달리, 정작 마키아벨리는 '자비로우면 좋다'는 걸 부정하지 않습니다. 다만 군주를 배신해서는 안 된다는 두려움을 심어줘야 국가 안정이 유지된다고 주장했을 뿐입니다.

그가 말하는 잔인함과 공포는 국민에게 무자비하게 굴어도 된다는 뜻이 아니라, 필요한 상황일 때 군주가 결단을 내려 활용해야 하는 통치술인 것입니다.

사자의 용맹함과 여우의 교활함을 지녀라

● 제18장 약속과 기만 ●

> **군주론 중에서** 군주가 약속을 지키고, 정직한 것은 당연히 칭찬받을 일이다. 그러나 나의 경험으로는 위대한 군주들은 약속을 지키지 않는다. 그들은 다른 사람들을 속이고, 혼란스럽게 한 후에 진실한 사람을 상대로 승리를 거둔다.
>
> 군주는 상황에 따라 사자가 되거나 여우가 될 수 있어야 한다. 그러면서도 군주는 사람들에게 신의가 있고, 정직한 것처럼 보여야 한다.

　마키아벨리는 《군주론》 18장에서 "군주는 약속을 지키지 않아도 된다"고 말합니다. 이 구절은 얼핏 들으면 충격적이에요. 약속을 지키는 건 대부분 착하고 훌륭한 행동으로 여겨지니까요.

　그런데 마키아벨리는 현실 정치와 이상은 다르다고 봤어요. 자칫 모든 약속을 지키다가는 군주와 국가가 위험해질 수 있다는 겁니다.

그렇다고 무조건 거짓말쟁이가 되라는 말일까요? 마키아벨리는 '군주가 약속을 어기더라도 겉으론 약속을 지키는 것처럼 행동해야 한다'고 합니다. 약속을 다 지킬 필요는 없지만, 적어도 국민과 외부인에게 신의를 보여야 한다는 것입니다.

군주가 가져야 할 두 가지 상반된 본성

아킬레우스를 가르치는 키론
제임스 베리의 18세기 작품

그는 '군주는 때로는 인간답게, 때로는 짐승처럼 행동할 줄 알아야 한다'며 그리스 신화에 나오는 아킬레우스와 헤라클레스의 스승 키론을 예로 듭니다.

키론은 상반신은 인간이고, 하반신은 말인 켄타우로스입니다. 그리스 신화 속의 위대한 인물들이 반은 인간이고, 반은 짐승인 키론을 스승으로 삼은 이유가 무엇일까요? 마키아벨리에 따르면, 군주는 반드시 인간과 짐승의 두 가지 본성을 지녀야 하기 때문입니다. 그러면서 그는 '인간의 본성 자체가 변덕스럽기 때문에 군주가 정직하게 행동할 필요가 없다'고 말해요.

키케로의 《의무론》 vs. 마키아벨리

연세대학교 김상근 교수는 "마키아벨리가 18장에서 키케로의 《의무론》을 뒤집어서 서양 문명의 기초를 뿌리째 흔들고 있다"고 주장합니다.

키케로는 로마 공화정 말기의 정치가이자 철학자로, 서양 정치윤리 사상에 큰 영향을 끼친 인물입니다. 그의 사상은 저서 《의무론》으로 완성되죠.

그는 이 책에서 "폭력사자의 사나움과 기만여우의 교활함은 모두 인간다움과 거리가 멀지만, 특히 기만이 더 혐오스럽다. 착한 척 꾸미면서 속이는 자가 가장 위험하다"고 경고했습니다.[15]

마키아벨리는 키케로의 말을 반대로 뒤집습니다.

키케로　　약속을 안 지키는 것이 가장 나쁜 행동이다.

마키아벨리　군주는 약속을 지키지 않아야 한다.

키케로　　인간이 사자와 여우의 양면성을 지녀서는 안 된다.

마키아벨리　군주는 때로는 사자처럼, 때로는 여우처럼 굴어야 한다.

잠깐!

로마 공화정의 수호자, 키케로

키케로의 흉상
덴마크 토르발센 박물관
소장

키케로기원전 106~43년는 고대 로마의 정치가, 철학자, 변호사로, 로마 공화정 말기 중요한 역할을 한 인물입니다. 그는 단순한 사상가가 아닌 실천적 정치인으로, 로마 공화정의 이상을 끝까지 지키려 했습니다. 공화정 체제의 수호자로서, 독재를 비판하고 자유와 법치를 옹호했죠. 그의 사상은 르네상스 인문주의와 근대 정치철학의 발전에 큰 영향을 끼쳤습니다.

마키아벨리는 실제 외교 현장을 누볐던 경험을 통해, 키케로의 '이상적 윤리'가 현실 정치에는 맞지 않는다고 판단했습니다. 오히려 약속을 다 지키려 애쓰다가는, 군주와 시민 모두에게 해가 될 수 있다는 것이죠.

오늘날 대통령들의 공약 이행률이 낮은 이유

놀랍게도 마키아벨리의 주장은 현대 정치에서도 그대로 적용되고 있습니다. 대통령 선거에서 유력후보들은 국민에게 여러 공약을 합니다. 공약은 '공적 약속'으로, 국민에 대한 약속이죠.

그러면 한국과 미국 대통령들이 국민에 대한 약속을 얼마나 지켰는지 공약 이행률을 볼까요? (228페이지의 이미지를 참고하세요.)

만약 어떤 대통령이 자신의 공약을 100퍼센트 지켰다면, 한국은 이미 파산해서 그 대통령은 칭찬이 아니라 비난의 대상이 되었을 거예요. 공약을 이행하기 위해서는 천문학적인 돈이 필요하기 때문이죠.

김대중 대통령 (제15대)
재임 1998~2003
이행률 18퍼센트

노무현 대통령 (제16대)
재임 2003~2008
이행률 58.7퍼센트

이명박 대통령 (제17대)
재임 2008~2013
이행률 39.48퍼센트

박근혜 대통령 (제18대)
재임 2013~2017
이행률 41퍼센트

문재인 대통령 (제19대)
재임 2017~2022
이행률 55퍼센트

도널드 트럼프 대통령
(제45대, 제47대)
재임 2017~2021, 현재
이행률 23퍼센트

버락 오바마 대통령 (제44대)
재임 2006~2017
이행률 47퍼센트

한국과 미국 대통령들의 공약 이행률

자료 출처 : 경제정의실천시민연합(한국), 폴리티팩트(미국)

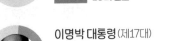

이것이 바로 마키아벨리가 '군주는 언제든 사자와 여우를 오 갈 수 있어야 한다'고 강조한 이유입니다. 국민과 약속한 것 중에 정말 지키기 힘들거나, 국가에 해가 되는 약속은 교묘하게 어기 되, 동시에 신뢰를 보여 주어야 한다는 겁니다. 어차피 현명한 국 민은 공약을 다 지키기란 불가능하다는 걸 알고 있습니다.

아이러니하지만 오히려 공약을 100퍼센트 지키려는 대통령을 국민은 위험한 인물로 보고 경계해야 합니다. 여러분이라면 국가 지도자가 모든 약속을 진심으로 지키려 하다가 나라가 파산할 위험을 감수하는 것과, 어느 정도 약속을 깨면서 국가 재정을 지키는 것 중 어느 쪽을 택하겠습니까?

현실 정치가 이상과 다르다는 것은 2천 년 전 키케로 시대나 500년 전 마키아벨리 시대나, 그리고 지금이나 변함없는 부분입니다.

국민에게 미움과 경멸을 받아서는 안 된다

● 제19장 미움받지 않는 통치법 ●

> **군주론 중에서** 시민의 재산과 여자를 강탈하면 반드시 미움을 산다. 이것만은 절대 하지 말아야 한다.
>
> 군주가 국민에게 가볍고, 변덕스럽고, 무기력하고, 우유부단한 모습을 보이면 미움과 경멸을 받는다. 군주는 위대하고, 진중하고, 강인한 모습을 보여야 한다. 군주는 시민들에게 미움과 경멸을 받는 것을 피하고 반드시 일반 시민들을 만족시키는 정치를 해야 한다.
>
> 군주는 부담될 일은 무엇이든 다른 사람에게 시키고, 은혜로운 일은 직접 시행해야 한다.

　　마키아벨리는 《군주론》에서 19장을 가장 길게 썼습니다. 그는 '군주는 국민에게 미움과 경멸을 받지 않도록 각별히 주의해야 하며, 국민을 위한 정치를 펼쳐야 한다'고 강조합니다.

230 10대를 위한 군주론 수업

로마 황제들이 유난히 군인을 챙긴 이유

19장에는 무려 10명의 로마 황제에 대한 이야기가 나옵니다. 여기에 언급된 대부분의 황제는 군인에게 특별 대우를 해주고, 시민은 거의 무시한 인물들입니다.

당시는 로마 군인들의 힘이 막강했기 때문에, 황제가 군인에게 미움받으면 곧바로 암살당하는 일이 잦았습니다. 그래서 군인에게 특별 대우를 해 주고, 시민은 뒷전으로 밀어뒀던 것입니다. 심지어 193~211년 로마를 다스린 세베루스 황제는 죽기 전, 아들 카라칼라에게 "시민보다 군인을 먼저 챙겨라"는 유언을 남겼을 정도였어요.

마키아벨리는 이러한 사례들을 통해 국가에서 가장 강력한 세력을 찾아서 그들의 미움을 사지 않도록 하라고 조언합니다. 현실 정치에서 모든 계층을 만족시키는 것은 불가능하죠. 그러므로 국가의 유력 계층을 우선순위로 선택해서 그들을 위한 정치를 하라는 것입니다.

《군주론》은 당시 피렌체의 군주였던 로렌초에게 헌정하는 책이죠. 19장에도 마키아벨리는 로렌초에게 전하고 싶은 메시지를 감춰 놨어요. 즉, 로마의 유력 계층은 군인이었지만, 피렌체의 유력 계층은 시민이라는 것입니다. 따라서 피렌체 군주는 시민을 위한 정치를 해야 한다고 말하고 싶었던 거예요.

마키아벨리는 19장에서 이렇게 말합니다.

> **군주론 중에서** 시민이 군주를 좋아하면 반란의 가능성이 없다. 그러나 시민이 군주를 미워하면, 그때부터 반란이 시작되기 때문에 군주는 시민을 두려워해야 한다.

어느 국가든지 지배계층은 소수이고, 일반 시민이 다수입니다. 그렇다고 군주가 무조건 시민 편만 들어주면 어떨까요? 지배계층소수 엘리트이 불만을 품어 반란을 꾸밀 수 있습니다. 반대로 지배계층만 대우하면 다수 시민이 불만을 터뜨리겠죠.

그래서 군주의 가장 큰 딜레마는 '어떻게 모두를 만족시킬 것인가'입니다. 마키아벨리에 따르면, 군주는 이 딜레마를 특정 계층에 치우치지 않고 여러 제도를 통해 서로 견제하도록 만들어서 풀어야 합니다.

중세 최고의 성군, 루이 9세의 사례

13세기 중반, 프랑스를 다스린 루이 9세는 중세 시대에 가장 훌륭한 왕으로 꼽히는 인물입니다. 당시 유럽은 봉건제도가 강해서 지방 영주가 사실상 자기 땅을 마음대로 다스리곤 했어요. 왕의 권한이 충분히 미치지 못하다 보니, 영주가 지역 법을 임의로 만들거나 재판을 결투로 대신하는 등 불합리한 제도가 계속 유지됐죠.

루이 9세는 이것이 시민들에게 큰 피해를 준다고 보았어요. 그러나 아무리 왕이라도 강제로 영주의 사법권을 뺏을 수는 없기 때문에 '고등법원'이라는 제도를 만들어서 통일된 법을 적용하기 시작했습니다.

우선, 지방 영주의 지나친 사법권을 제한했어요. 당시 영주들은 자신의 영지에서 "내 말이 곧 법이다"라는 식으로 사법권을 행사하곤 했어요. 이를 고등법원에 항소_{상소}할 수 있게 함으로써 시민이 영주의 부당한 판결을 바로잡을 길이 생겼습니다.

사법권이란?

사법권은 법을 통해 사람들을 보호하고 문제를 해결하는 힘입니다. 사법권의 가장 큰 역할은 법을 해석하고 적용하는 것이에요. 법원이 사건을 조사하고, 어떤 법이 필요한지 판단한 뒤, 그 법에 따라 잘못을 바로잡거나 벌을 줘요. 또, 국가나 정부가 법을 어기거나 국민의 권리를 침해했을 때, 그걸 막는 역할도 합니다.

사법권은 공정하게 작동해야 하기 때문에 정치나 외부의 간섭을 받지 않아야 해요. 법원이 자유롭게 판단해야 누구에게나 평등하게 법을 적용할 수 있기 때문이에요.

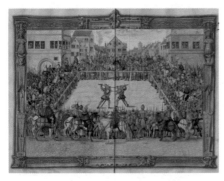

1409년 아우크스부르크의 결투 재판 모습

그리고 결투 재판을 폐지했어요. 황당하게도 중세 유럽에서는 결투를 통해 진실을 가리는 '결투 재판'이란 것이 있었습니다. 싸움에서 이긴 사람이 무죄, 진 사람이 유죄가 되었죠.

루이 9세는 결투 재판을 없애고, 현대와 같이 증거를 통해 유무죄를 가리기 위해 법원을 만들었어요.

또한 무죄 추정의 원칙을 도입했습니다. "유죄가 확실히 입증될 때까지는 무죄로 봐야 한다"는 것으로, 이는 현대법의 중요한 원칙이 되었어요. 무죄 추정의 원칙이 도입되면서 시민과 약자들의 억울함도 많이 사라졌죠.

누구에게나 공평한 법원 제도를 만들어 이 문제를 슬기롭게 해결하자, 영주들도 왕에게 정면으로 맞서기보다 제도를 존중할 수밖에 없었습니다.

게다가 루이 9세는 사치나 욕망을 절제하고, 청빈한 생활을 하였습니다. 그는 왕실에 구호소를 세워서 나병 환자와 맹인을 직접 돌봐주고 빈민들의 발을 씻어주는 등 자선을 직접 실천하였죠.

1297년, 교황청은 루이 9세를 시민과 약자를 수호한 진정한 군주로 평가하고, 성인으로 인정했습니다. 프랑스 군주 중에는

〈영국 왕과 귀족들 사이의 중재자 성 루이〉

1264년, 루이 9세가 영국 왕과 귀족들 사이의 분쟁을 중재하는 모습. 조르주 루제, 1820년 작품

유일하게 가톨릭 성인의 명단에 올라, 오늘날까지도 올바른 군주의 모델로 추앙받고 있습니다.

지배계층과 시민 모두를 조화롭게 다루는 정치

마키아벨리는 19장에서 루이 9세가 만든 법원 제도의 우수성을 꽤 길게 설명하면서, 시민의 편에 섰던 루이 9세를 높게 평가합니다.

마키아벨리가 19장에서 피렌체 군주 로렌초에게 하고 싶었던 말은, 루이 9세가 아들에게 남긴 유언에 정확히 담겨 있습니다.

내 아들아, 네 힘이 닿는 대로 병자들과 가난한 사람들을 구제하여라. 주님께서 행운을 주시면 교만에 빠지지 않게 해 주시기를 청하여라. 말을 교묘하게 하는 이들보다는 양심이 바른 이들을 주변에 두고, 그들이 너의 잘못을 두려움 없이 말할 수 있도록 하여라. 정의를 세우는 데 엄정하되, 진실이 분명히 밝혀질 때까지는 약자의 편을 들어라. … 불평등과 착취를 나라 안에서 몰아내고, 우선 너의 집안에서부터 그리하여라. 왕이 스스로 궁정의 비용을 줄이고 그 돈으로 가난한 사람을 돕는다면 백성이 따라 할 것이다….[16]

위대한 군주는 무엇으로 자신을 지키는가

> **군주론 중에서** 현존하는 최고의 성은 바로 시민에게 미움을 받지 않고, 그들의 마음을 얻는 것이다. 시민이 군주를 미워하면, 아무리 튼튼한 성이 있어도 군주를 지켜주지 못한다.

마키아벨리는 《군주론》 20장에서 '군주는 어떻게 권력을 지키며, 적으로부터 안전을 확보할 수 있을까?' 그리고 '어떻게 위대한 군주가 탄생하는가?'라는 두 가지 질문에 집중합니다.

그는 겉으로 보기엔 도시를 지키는 성벽이나 무기 체계가 중요해 보이지만, 실제로는 국민의 마음을 얻는 게 훨씬 강력한 방어 수단이라고 말해요. 가장 견고한 성은 국민이 군주를 지지하는 마음 그 자체이며, 시민이 군주를 미워하면 아무리 튼튼한 성이 있어도 내부 반란으로 군주는 무너진다는 것입니다.

민심이 최고의 방어벽이다

고대로부터 전쟁이 나면 성벽을 튼튼히 쌓고 적이 들어오지 못하도록 대비하는 게 기본이었습니다. 현대에도 유사한 개념이 있는데, 대표적으로 이스라엘의 아이언 돔Iron Dome이 있어요.

아이언 돔은 짧은 거리에서 날아오는 로켓탄이나 포탄을 쏴서 맞추는 방어 시스템이에요. 약 90퍼센트의 요격공격해 오는 대상을 도중에서 받아치는 것 성공률을 보여서 '하늘에 성을 쌓았다'는 평가를 받습니다.

아이언 돔이 요격체를 발사하는 모습 출처 : 위키피디아

그런데 마키아벨리는 '군주에게 튼튼한 성이 도움이 되는 것을 본 적이 없다'고 합니다. 이건 무슨 말일까요?

군주를 진심으로 따르는 시민이 있다면, 시민 자체가 튼튼한 성이 되어 목숨 걸고 적과 싸울 것입니다. 그러나 시민에게 미움을 받는 군주라면 아무리 높은 요새도 군주를 지킬 수 없습니다. 시민들이 내부에서 반란을 일으켜 군주를 죽여 버리기 때문이죠.

시민의 미움을 받아 처형된 프랑스왕 루이 16세가 바로 그런 사례입니다. 프랑스인들의 분노는 루이 16세를 넘어서 유럽 전체의 시민을 일깨워, 유럽의 왕들을 차례차례 무너뜨리는 결과로 이어졌습니다.

시민에 의해 죽음을 맞은 왕, 루이 16세

프랑스 왕 루이 16세는 사치스러운 왕실 생활로 재정을 탕진하고, 경제 위기를 해결하지 못해 국민의 미움과 경멸을 받았습니다.

1789년, 분노한 시민들은 루이 16세의 절대 왕정군주가 국가의 모든 권력을 중앙집권적으로 장악하고 통치하는 정치 체제에 반기를 들고 프랑스혁명을 일으켰습니다. 1791년, 루이 16세는 프랑스 탈출을 시도하다 붙잡혀, 1793년 1월에 단두대에서 처형되었어요.

그의 죽음은 '왕의 권위는 신성불가침'이라는 믿음을 깨뜨렸습니다. 이 사건은 당시 유럽 전역에 큰 충격을 주었죠. 대부분의 유럽 국가들이 왕정 체제였던 데다, 한 나라의 국왕이 자국민에

〈민중을 이끄는 자유의 여신〉

자유를 상징하는 여성이 프랑스 국기와 총검을 들고 민중을 이끌고 있습니다.
외젠 들라크루아의 이 작품은 프랑스혁명을 묘사한 가장 유명한 그림이지만, 실제로는 1789년
혁명이 아니라, 입헌 군주제를 수립한 1830년의 7월 혁명을 기념하기 위해 그려졌습니다.

의해 처형되는 건 전례 없는 일이었거든요. 그리고 약 9개월 후, 루이 16세의 아내 마리 앙투아네트도 같은 운명을 맞이했습니다.

이 사건은 프랑스 왕정은 물론이고, 유럽의 수많은 왕정을 파멸시켰어요. 이로써 국가의 주인은 왕이 아니라 시민인 시대가 열렸습니다. 프랑스혁명은 공화정이 유럽으로 퍼져나간 결정적 계기가 되었습니다.

위대한 군주는 어떻게 탄생하는가?

이어지는 마키아벨리의 생각을 살펴보시죠.

> **군주론 중에서** 군주는 시련을 자신의 역량(비르투)으로 극복할 때
> 위대해진다. 행운의 여신 포르투나는 새로운 군주를 위대하게
> 만들고자 할 경우, 그를 위해 적을 만들고, 적이 군주를 공격하
> 게 해서 군주가 승리할 기회를 만들어 준다.

이는 동양 사상가인 맹자의 생각과 일치합니다. 맹자는 "하늘
이 어떤 사람에게 큰 일을 맡기려고 할 때는, 먼저 굶주림과 고통
으로 그 사람을 단련한다"고 표현했어요.

이처럼 마키아벨리는 20장을 통해 '위대한 군주란 시민을 사
랑하고, 스스로 시련을 극복한 자'라고 말하고 있습니다. 어려움
을 극복하는 과정에서 시민의 마음을 얻는다면 그 자체가 어떤
요새보다 튼튼한 방어 체제가 되어줄 테죠. 그리고 그때 비로소
군주는 안전한 상태에서, 위대한 지도자로 우뚝 설 것입니다.

과감한 결정을 통해 존경받는 지도자가 되어라

● 제21장 군주의 명성과 평판 ●

> **군주론 중에서** 군주는 친구와 적을 선택해야 하는 순간에 중립을 지키지 말고, 과감하게 선택해야 존경을 받는다. 우유부단한 군주는 그 순간을 모면하기 위해 보통 중립의 길을 선택하고, 결국 파멸에 이른다.

마키아벨리는 《군주론》 21장에서 군주가 국민의 존경을 받으려면 늘 '분명하게 한쪽 편에 서야 한다'고 말합니다.

군주는 선택의 순간에 결정을 내려야 하는 사람입니다. 그러나 많은 군주가 결정을 미루다가 타이밍을 놓치고, 떠밀려서 최악의 결정을 하는 경우가 많습니다. 군주가 우유부단하면 신하와 시민의 신뢰를 잃고 미움을 받다가 결국 파멸에 이르게 됩니다.

마키아벨리는 주로 군주의 전쟁이나 외교를 예로 들지만, 이 원리는 다른 분야에도 적용될 수 있습니다. 예컨대 기업이 미래 기술이나 신사업 투자에 대해 과감히 결정해야 할 때, 결정 시점을 놓치면 시장 흐름에 뒤처지고 말죠. 핀란드의 휴대폰 업체 노키아가 대표적입니다.

노키아는 1990년대 말부터 2000년대까지 전 세계 휴대폰 점유율 1위를 차지했습니다. 그러나 2007년 애플의 아이폰이 등장한 이후, 급변하는 스마트폰 시대에 제대로 대응하지 못했어요. 당시 피처폰스마트폰이 대중화되기 전의 일반 휴대전화 1위 판매에 달콤하게 취했던 노키아 경영진은 스마트폰에 대한 투자 결정을 계속 미루었습니다. 결국 삼성과 애플 등에 시장을 빼앗기고, 2014년 휴대폰 사업을 마이크로소프트에 팔고 시장에서 철수했어요.

고민은 신중하게, 결단은 신속하게

군주의 선택은 주로 전쟁 때 많이 일어납니다. 어느 국가를 지지하느냐에 따라서 군주와 국가의 운명이 결정되기 때문에 신중해야 하죠. 하지만 마키아벨리는 '신중하게 고민하되, 결정은 빠르고 분명하게 내려야 한다'고 말합니다. 한쪽을 분명히 편들어서 승리하면 함께 과실을 나눌 수 있고, 설령 패배해도 고맙게 생각할 테니 그 국가가 재기한 후 도움을 받을 수 있기 때문이에요.

다만, 마키아벨리는 힘이 너무 강력한 국가와는 무작정 동맹이 되지 말라고 경고합니다. 그들이 전쟁에서 이기고 나면 오히려 자신을 '먹잇감'으로 삼을 수 있으니까요.

위대한 군주의 4가지 역할

마키아벨리는 위대한 군주의 역할을 4가지로 제시합니다.

첫째, 군주는 탁월한 인재를 발탁하고, 그들을 영예롭게 대우해야 합니다. 신분이나 배경이 어떻든 능력 있는 사람을 중용한다는 소문이 퍼지면, 더 많은 인재가 몰려와 짧은 기간에 나라가 강해질 수 있습니다.

둘째, 세금을 과하지 않게 부과하고, 시민의 경제활동과 무역을 장려해야 합니다. 국민을 풍요롭게 만들라는 것입니다.

셋째, 시민들이 좋아하는 축제와 볼거리를 제공해 마음을 얻어야 합니다. 시민에게 재미와 소속감을 주어야 한다는 거죠.

넷째, 시민 집단을 자주 만나서 여론을 듣고, 품격 있는 군주의 위엄을 보여야 합니다.

2011년, 오바마 미국 대통령은 사진 한 장으로 미국인의 마음을 사로잡고, 전 세계에 자신이 위대한 군주라는 것을 보여 주었습니다. 오바마는 작전을 수행하는 군인에게 역량을 발휘하도록 여건을 만들어 주고, 그를 영예롭게 대우했어요. 바로 마키아벨리가 말한 첫 번째 군주의 역할을 훌륭하게 수행한 셈이죠.

2011년 5월 1일, 미군 특수부대가 테러 조직인 알카에다의 지도자 빈 라덴을 사살했습니다. 38분간 벌어진 작전 현장 상황은 위성을 통해 미국 백악관에 실시간 중계됐어요.

사진 속의 방은 당시 미군 합동특수작전사령부 브래드 웹 장군준장이 현장 위성 화면을 받아 모니터로 보내는 방이었습니다. 웹 장군은 오바마 대통령에게 모니터가 가장 잘 보이는 자신의 자리를 양보하려 했지만 오바마 대통령은 "중요한 일을 하는 것

빈 라덴 사살 작전 당시 미국 백악관의 상황실 모습

버락 오바마 대통령이 브래드 웹 공준 준장 옆 작은 의자에 앉아 있는 모습. 그 옆에는 조 바이든 당시 부통령이, 건너편에는 힐러리 클린턴 국무장관이 앉아 있습니다. 출처 : 백악관 플리커

은 당신"이라며 사양했습니다. 그래서 웹 준장이 작전 상황을 가장 잘 볼 수 있는 상석에 앉고, 오바마 대통령은 그 옆 작은 의자에 앉았습니다.'"

이 사진 한 장으로 미국인은 물론이고, 전 세계인이 오바마에게 찬사를 보냈습니다. 이날 행운의 여신 포르투나는 위대한 군주로 오바마를 점찍었나 봅니다.

이처럼 위대한 군주는 말이 아니라 행동으로 자신을 증명합니다.

능력 있는 인재를 발탁해서 믿고 맡겨라

● 제21장 인재를 구하는 방법 ●

> **군주론 중에서** 군주의 역량은, 그의 주변에 있는 신하를 보면 알수 있다. 신하가 능력과 신뢰를 겸비하고 있으면 그 군주는 반드시 현명하다는 말을 듣는다.
>
> 군주가 좋은 신하를 판단하는 가장 중요한 1원칙은, 신하가 사익(자신의 이익)을 추구하는지 아니면 공익(국가의 이익)을 추구하는지 보면 된다.

마키아벨리는 《군주론》 22장에서 '군주의 역량은 결국 어떤 신하조언자들과 함께 하느냐에 달려 있다'고 말합니다. 그리고 능력 있는 신하를 영입하고, 그들의 전문 지식을 배우려는 군주의 태도가 얼마나 중요한지를 설명해요.

마키아벨리는 군주를 3가지 부류로 나눕니다.

첫째는 스스로 이해하는 군주입니다.

둘째는 다른 사람에게 배워서 이해하는 군주입니다.

셋째는 자기 힘으로도, 남을 통해서도 배우지 못하는 군주입니다.

얼핏 생각하면 첫째 부류의 군주가 가장 좋을 것 같지만, 그렇지 않습니다. 뛰어난 두뇌를 가진 군주들은 오만에 빠지기 쉬워서 신하의 조언을 무시하거나 독단적으로 국가를 운영하다가 실패하는 경우가 많아요. 국가의 일은 너무나 다양하고 방대하기 때문에 군주 혼자서 다 이해하는 건 불가능하기 때문이죠.

가장 현실적이고 바람직한 군주는 두 번째 부류입니다. 이들은 각 분야 전문가를 적재적소에 영입하고, 그들의 견해를 열린 마음으로 듣고 학습합니다. 시간이 흐르면 신하의 옳은 말과 틀린 말을 구분할 정도로 성장하게 되고, 스스로 더욱 현명한 결정권자가 될 수 있습니다.

세 번째 부류는 절대로 군주가 되어서는 안 됩니다. 운이 좋아서 군주가 되더라도 곧 파멸하고 말아요. 이런 군주의 특징은 신하들의 직언과 조언을 이해하지 못하기 때문에 화를 많이 낸다는 것입니다. 군주가 격노하면, 신하들은 군주를 두려워하다가 나중에는 경멸하게 됩니다. 그러다가 아예 입을 닫거나, 군주를 떠나 버리죠. 결국, 군주는 기분 좋은 말만 하는 아첨꾼들에 둘러싸여 비참한 최후를 맞이하게 됩니다.

그런데 만약 군주가 두 번째 부류라고 해도, 인재를 보는 눈이 없다면 도루묵일 겁니다. 어떤 인재를 등용해야 할까요?

마키아벨리에 따르면, 군주가 능력 있는 인재를 구별할 때 가장 중요한 기준은 '이 사람이 자기 이익만 추구하느냐, 아니면 국가와 국민의 이익을 목표로 하느냐'입니다.

자기 욕심을 채우는 데만 관심 있는 신하는 결국 착취나 부정부패를 일삼아 군주를 망치게 만듭니다. 반면 공익에 헌신하는 신하는 군주의 발전을 돕는 최고의 파트너가 됩니다.

유비가 제갈량의 초가집을 세 번이나 찾아간 이유

군주가 인재를 영입하고 활용하는 것에 대한 중요성은 동양 최고의 베스트셀러 소설 《삼국지》에도 잘 나타납니다. 《삼국지》의 주인공 중 한 명인 유비는 훗날 촉나라를 건국한 실존 인물입니다.

유비의 성공비결은 능력 있는 인재를 찾아서, 그들에게 중책을 맡기는 뛰어난 용인술에 있었습니다. 그는 관우, 장비, 제갈량 등 뛰어난 인재를 정성을 다해 영입한 후에 그들의 재능을 전폭적으로 신뢰하고 중요한 역할을 맡겼습니다.

특히 제갈량을 영입하기 위해 세 번이나 초가집을 찾아간 '삼고초려' 일화는 유명합니다. 유비는 제갈량이 거절해도 포기하지 않고 계속 진정성을 보였고, 그 덕분에 제갈량이 마침내 유비에게 충성을 바치게 되었다는 것이죠.

삼고초려는 인재를 영입하기 위해 군주가 신하에게 정성을 다하는 대표적 사례로, 마키아벨리가 말한 '두 번째 부류의 군주'와 아주 흡사합니다. 유비는 신하의 의견에 귀 기울이고, 그들의 장점을 극대화할 여건을 만들어 줬습니다. 그렇게 조직 전체의

유비의 삼고초려

유비는 관우, 장비와 함께 제갈량의 초가집을 두 번이나 찾아갔으나 제갈량의 하인이 나와
"선생님은 지금 만날 수 없습니다"라고 말합니다. 이후 세 번째에서 비로소 제갈량을
만나게 됩니다. 이화원(중국 청나라 황실의 별장) 회랑에 그려진 그림, 19세기 작품.

효율성과 충성심을 높였어요. 결국 혼란스러운 시대에, 촉나라를
세울 수 있었죠.

마키아벨리가 22장에서 전하고 싶은 핵심은 뚜렷합니다.

"군주의 역량은 뛰어난 신하를 기용하고 그들을 통해 학습할
줄 아느냐에 달려 있다. 신하는 '사익을 추구하는가, 공익을 추구
하는가'로 판단하라. 그리고 뛰어난 인재가 진정으로 국가에 헌
신하도록 신뢰와 보상을 아끼지 말라."

현대 정치나 경영에도 똑같이 적용할 수 있지 않을까요? 한 개인이 전부를 잘할 수는 없습니다. 그러므로 각 분야 전문가들이 마음 놓고 역량을 펼칠 수 있도록 환경을 만들어 줌으로써, 그 군주 혹은 CEO는 탁월한 리더가 될 수 있습니다.

듣기 좋은 말을 하는 사람을 멀리하라

> **군주론 중에서** 군주가 아첨에 현혹되지 않으려면, 자신에게 진실을 말해도 기분 나쁘지 않다는 것을 신하들에게 분명히 인식시켜야 한다. 오히려 자신에게 진실을 말하지 않으면 화를 내야 한다.
> 군주는 신하들에게 널리 조언을 구하고, 조언을 들을 때는 인내심을 갖고 경청하는 태도를 보여야 한다.

마키아벨리는 《군주론》 23장에서 '군주가 궁궐을 가득 채우고 있는 아첨꾼들을 어떻게 막을 것인가?' 그리고 '신하의 조언을 슬기롭게 듣는 방법은 무엇인가?'를 다룹니다.

앞서 22장에서 능력 있는 신하를 영입하는 방법을 말했다면, 이제 그 신하들과 실제로 일할 때 군주가 어떻게 대해야 하는지에 관해 조언하고 있어요.

만약 당신이 대통령이라면, 다음 둘 중 누구를 더 편하게 느낄까요?

어느 장관은 볼 때마다 "이 정책은 잘못됐으니, 고쳐야 합니다!"라거나 "이건 잘못을 저지른 것이니, 국민에게 사과하십시오"라고 말합니다. 그런데 다른 장관은 반대로 늘상 "대통령님, 이번 정책은 너무나 훌륭합니다"라거나 "국민의 지지율이 낮아도 괜찮습니다, 나중에 역사가 알아줄 테니까요"라고 말합니다.

실제 역사를 보면, 군주나 대통령이 바른말직언을 좋아하는 경우는 드물었습니다. 대개의 군주가 아첨을 좋아하고, 진실을 싫어했죠. 영국의 헨리 8세, 조선 세조의 사례가 대표적입니다.

신념을 지킨 신하를 죽인 왕들

16세기 초반 영국을 다스린 헨리 8세는 튜더 왕조의 두 번째 군주였습니다. 그는 원래 로마 가톨릭을 깊이 신봉했어요. 문제는 그가 첫 번째 왕비와 이혼하고 새로운 왕비를 맞고 싶어 했다

는 것이었죠. 교황청이 카탈리나캐서린 왕비와의 이혼을 반대하자
그는 영국과 교황청의 관계를 단절해 버립니다. 이어서 영국 교
회를 아예 로마에서 분리해 '잉글랜드 국교회'를 세우고, 앤 불린
과 결혼해요.

이후 헨리 8세는 새 왕비 앤 불린 사이에서 태어난 자식을 왕
위 계승자로 삼는 법왕위계승법을 기습 통과시켰어요. 그리고 이를
시행하기 위해 당시 영국 수상이었던 토머스 모어에게 서명을
요구했습니다. 그런데 토머스 모어는 런던탑에 15개월이나 갇혀
있으면서도 끝까지 이를
거부합니다. 결국 1535년,
헨리 8세는 그를 "왕의
권위에 반역한다"는 이유
로 처형했습니다.

헨리 8세와 토머스 모어

비슷한 시기, 조선에서도 왕에게 바른 소리를 했다가 많은 이
들이 목숨을 잃고 말았습니다.

1455년, 세종대왕의 둘째 아들 수양대군이 당시 열다섯 살이

었던 조카 단종을 왕위에서 밀어내고 스스로 왕이 되었습니다. 그가 바로 세조입니다. 세조가 권신권력을 쥔 신하들과 손잡고 쿠데타를 일으킨 이 사건을 '계유정난'이라고 해요.

그런데 세조의 행동을 "잘못된 쿠데타"라며 강하게 비판한 신하들이 있었습니다. 성삼문, 박팽년, 하위지, 이개, 유성원, 유응부 등이 그들로, 단종의 복위를 꾀하려다 발각되어 모두 처형됩니다. 이후 사람들은 이 여섯 명을 사육신死六臣이라고 부르며 충신의 표상으로 기렸습니다.

시간이 흘러, 16세기 초반. 조광조는 중종이 매우 아끼던 개혁적인 신하였습니다. 중종은 연산군을 쫓아낸 반정쿠데타 세력에 의해 즉위한 왕이어서 개혁적인 이미지가 중요했어요. 그래서 유교적 이상 정치를 주장하는 조광조를 등용해, 부패한 관료들을 처벌하고 제도를 혁신하려 했습니다.

그러나 조광조가 "부패한 관료를 더 숙청하라", "왕권을 함부로 남용하지 말라" "불합리한 제도를 더 고쳐라"라고 계속해서 직언하자, 중종은 점차 부담을 느끼게 됐죠.

결국 중종은 국정을 뒤흔든다는 죄목으로 조광조에게 사약을 내려서 죽이고 말았습니다.

이처럼 대부분의 군주들은 신하의 올바른 조언과 진실의 말을 싫어하고, 자신을 칭찬하는 아첨을 좋아합니다.

조선은 이런 위험을 줄이고, 왕에게 진실을 전달하기 위해 '삼사'라는 부서를 따로 만들었습니다. 그리고 삼사에서 일하는 신하를 '언관'이라고 불렀습니다. 언관은 왕에게 직언할 수 있는 권리와 의무를 가지고 있었어요.

잠깐!

조선의 삼사, 왕과 신하의 균형을 맞추다

조선의 삼사는 왕의 권력을 견제하고 신하들의 의견을 전달하며, 나라의 균형을 맞추는 역할을 했습니다.

사헌부는 나라의 법을 지키는 일을 했어요. 관료나 공직자가 잘못을 저지르면 탄핵하거나 징계를 요구했답니다. 또, 억울한 일을 겪은 백성들의 사정을 들어주고, 이를 왕에게 보고하기도 했어요.

사간원은 잘못된 정책이나 결정을 바로잡기 위해 왕에게 직언을 했어요. 신하들의 의견을 모아 왕에게 전달하며, 왕이 독단적으로 행동하지 않도록 도왔습니다. 사간원은 왕과 직접 대면하여 말할 수 있는 권한이 있었고, 왕에게 충고하는 일을 맡았어요. 때로는 왕이 화를 내기도 했지만, 이 기관 덕분에 나라의 정치가 균형을 잡을 수 있었답니다.

　홍문관은 왕의 자문 기관으로, 정책을 세우는 데 도움을 주었어요. 특히 '경연'이라는 학문 토론 자리를 주관했는데, 이 자리에서 왕과 신하들이 함께 유교 경전을 공부하며 나라의 방향을 논의했어요.

　삼사는 왕이 너무 많은 권력을 가지지 않도록 도와주고, 신하들과 함께 나라를 잘 운영할 수 있게 만든 중요한 제도였습니다. 이런 균형이 있었기에 조선은 오랫동안 안정된 나라를 유지할 수 있었습니다.

광화문 광장에서 발굴된 사헌부 터 출처 : 광화문광장, 공공누리

하지만 아무리 좋은 제도가 있어도, 왕이 인정하지 않고 활용하지 않으면 소용이 없습니다. 실제로 왕에게 직언을 하다가 파면되거나 처벌받은 언관 또한 많았습니다.

마키아벨리는 "현명하지 않은 군주의 공통점은, 절대로 좋은 조언을 듣지 않는 것이다"라고 말합니다.

그가 22장과 23장을 통해서 피렌체 군주 로렌초에게 하고 싶었던 말을 들어볼까요?

"로렌초! 군주의 역량은 능력 있고 진실을 말하는 신하에 따라 결정되는 거야. 그가 어떤 군주인지 알고 싶으면 그가 아끼는 신하를 보면 돼.

몸에 좋은 보약이 쓴맛을 내듯이, 신하가 말하는 진실은 언제나 군주를 기분 나쁘게 하는 법이지. 그러나 위대한 군주들은 신하의 직언과 조언에 귀를 기울여서 올바른 판단을 했다네.

이 책에는 군주에 대한 아첨은 없고, 진실만 가득해. 난 당신에게 진실만을 말할 준비가 되어있으니, 어서 나를 피렌체 정부로 다시 불러 줘."

왜 이탈리아 군주들은 나라를 잃었는가?

군주론 중에서 군주는 타인의 힘에 의존하지 말아야 한다. 군주가 권력을 유지하는 유일한 방법은 오로지 자신의 역량을 믿고 정진하는 것이다.

마키아벨리는 《군주론》 24장에서, 16세기 이탈리아 지역의 군주들이 왜 자기 나라를 지키지 못하고 망했는지 날카롭게 분석합니다. 그러면서 그는 "이탈리아가 정말 운이 없어서 망했을까? 아니다. 평소에 군주가 전쟁을 대비하지 않았고, 자신의 군대가 아닌 타국 군대에 의존했기 때문에 망한 것"이라고 이야기해요.

1501년, 이탈리아 남부의 나폴리 왕국에서 '페데리코'라는 군주가 강제로 쫓겨납니다.

당시 유럽의 강대국들, 특히 스페인과 프랑스는 호시탐탐 이 탈리아를 노리고 있었어요. 두 나라는 남쪽의 부유한 왕국인 나 폴리를 두고 충돌하다가 아예 '각자 영역을 정해 나폴리를 함께 나눠 통치하자'는 합의를 합니다. 마치 피자 조각을 나누듯 나폴 리를 사이좋게 나눠 먹은 거죠.

　당시 나폴리 왕국을 다스리던 페데리코는, 이 두 강대국이 자 기 땅을 양분하기로 밀담(몰래 나누는 이야기)을 나눈 줄도 몰랐다고 전 해집니다. 설사 알아도 막을 힘이 없었지만요.

　그의 파멸은 무능한 군주가 어떻게 대재앙을 가져오는지 잘 보여 줍니다. 그는 자신의 왕국을 방어하기 위해 용병을 고용했 지만, 늘 그렇듯이 용병은 실제 전투에서 허수아비에 불과했어 요. 자국 군대가 없어 허약한 나폴리는 프랑스와 스페인의 침략 에 속수무책으로 당했죠.

　페데리코는 프랑스와 스페인, 교황과 베네치아 공화국을 대 상으로 외교전을 펼쳤지만, 아무도 그에게 도움의 손길을 내밀지 않았습니다. "이미 이길 가망이 없다"며 다들 철저히 외면했던 거예요.

나폴리 만의 정경
저 멀리 폼페이를 멸망시킨 화산인 베수비오산이 보입니다.

그에게 남은 마지막 희망은 나폴리 왕국의 국민이었습니다. 만약 페데리코가 군사적으로는 무능하더라도 평소 사랑받는 군주였다면, 독립운동이 벌어졌을지도 몰라요. 하지만 그런 일은 일어나지 않았습니다.

이후 페데리코는 자신의 목숨만은 건지고자 가족을 데리고 프랑스로 망명했어요. 그리고 '조국이 혹시 나를 불러줄까' 헛된 기대를 하며 살다가 먼 이국땅에서 쓸쓸히 죽어 갔습니다.

그가 파멸한 이유는 평소에 자국군을 육성하지 않았고, 외교에 무지했고, 국민을 무시해 미움을 받았기 때문입니다.

마키아벨리는 나폴리 왕국의 몰락을 예로 들며, 이런 유형의 군주들을 매섭게 비판합니다. 그는 "이탈리아의 군주들이 나라를 잃고 무너진 걸 두고, 운이 나빴을 뿐이라고 말하는 건 명백한 착각"이라고 말하죠. 진짜 이유는 군주 스스로 게으르고, 전쟁에 대한 준비가 없었기 때문이라는 겁니다.

마키아벨리는 국가 통치를 바다 항해에 비유합니다. 날씨가 맑을 땐 누구나 "아, 이대로 계속 맑겠지" 하고 안심하지만, 바다에서 태풍은 예고 없이 불어닥칩니다. 준비 없이 운에만 매달리면, 태풍이 몰려올 때 속수무책일 수밖에 없죠.

즉, 평소에 국가와 국민을 위해 애쓰지 않는 군주라면, 한순간에 파멸을 면치 못한다는 것입니다.

이 장을 통해 마키아벨리는 로렌초에게 은근히 이렇게 말하고 있는 듯해요.

"로렌초, 나폴리 군주 페데리코의 운명을 봤지? 너도 그렇게 나태하면, 결국 비참한 최후를 맞이하게 될 거야. 지금은 평화로운 날씨처럼 보여도 태풍은 예고 없이 닥치는 법! 네가 진정 현명한 군주라면 준비를 멈추지 말아야 해."

사실 이건 로렌초뿐 아니라 책임 있는 자리의 리더라면 반드시 명심해야 할 교훈입니다.

자신의 운명을 스스로 개척하라

> **군주론 중에서** 행운의 여신은 인간 행위의 절반만 통제하고, 나머지 절반은 인간의 자유의지에 맡긴다. 그래서 행운의 여신은 자신의 운명을 적극적으로 바꾸려고 노력하는 사람을 좋아한다. 군주는 시대적 특성에 따라서 자신의 행동을 바꿔야 한다.

마키아벨리는 《군주론》 25장에서 행운의 여신포르투나을 등장시켜, 군주가 운명을 스스로 개척해야 하는 이유를 설명합니다. 그는 행운의 여신이 인간 삶의 절반을 결정하고, 나머지 절반은 인간의 노력으로 결정된다고 말하죠.

즉, 군주는 자신과 국가의 운명을 스스로 개척하기 위해 노력해야 한다는 뜻입니다. 당시 이탈리아의 여러 군주국이 프랑스, 스페인, 독일에 정복을 당한 것은 군주가 그런 노력을 하지 않았기 때문이라는 거예요.

행운의 여신 포르투나는 거대한 운명의 수레바퀴를 돌립니다. 옆의 그림을 보면, 왼쪽에 있는 사람이 "나는 왕이 될 것이다"라고 외치죠. 수레바퀴가 정점에 오르면서 그는 "왕이 되었다"며 기뻐하지만, 바퀴는 계속 돌아 맨 아래에 가면 모든 것을 잃게 됩니다.

행운의 여신과 운명의 수레바퀴

수레바퀴의 정점에 올랐을 때가 군주에게 가장 중요합니다. 행운의 여신 포르투나는 그 시점을 기점으로 수레바퀴를 다시 돌려, 왕을 아래로 떨어뜨리려 시도합니다. 이는 곧 '군주의 역량과 자유의지를 제대로 시험해 보겠다'는 의미이죠.

만약 군주가 결단력 있게 대처하지 못하고 여신이 돌리는 수레바퀴에 그대로 몸을 맡기면, 결국 파멸을 면치 못하게 됩니다. 문제는, 실제로 많은 군주가 게으르거나 우유부단한 탓에 이 결정적 순간에 아무런 반응 없이 추락하고 만다는 거예요.

2차 세계대전 당시 오스트리아의 정신과 의사였던 빅터 프랭클은 유대인이라는 이유로 독일의 아우슈비츠 수용소에 강제로 수용되었습니다. 그는 그곳에서 4년 동안 지옥 같은 삶을 겪은 뒤 깨달은 점을 《죽음의 수용소에서》라는 책으로 남겼는데, 이는 세계적인 베스트셀러가 되어 수많은 사람들에게 삶의 지혜를 전해주고 있습니다. 제가 가장 좋아하는 문장은 다음과 같습니다.

인간에게 모든 것을 빼앗아 갈 수 있어도 단 한 가지, 마지막 남은 인간의 자유, 주어진 환경에서 자신의 태도를 결정하고, 자신의 운명을 선택할 수 있는 자유만은 빼앗아갈 수 없다.[18]

시대와 상황이 다르지만, 마키아벨리의 통찰과 빅터 프랭클의 통찰은 '인간이 자신의 운명을 선택하는 자유의지'를 말한다는 점에서 일치합니다.

마키아벨리는 군주에게 이렇게 말하고 있는 것입니다.

"행운의 여신이 돌리는 수레바퀴를 자유의지로 과감하게 멈춰 세우고, 스스로 운명을 결정하라!"

간절히 통일을 염원하다

● 제26장 이탈리아의 통일 ●

《군주론》의 1장에서 25장까지는 마키아벨리가 로렌초에게 위대한 군주가 되기 위해서 알아야 할 지식과 지혜를 알려주는 내용입니다.

마키아벨리는 26장에서 로렌초에게 진심으로 하고 싶었던 이야기를 호소하고 끝을 맺습니다. 그래서 26장의 원래 제목은 '이탈리아를 통일해 야만인으로부터 자유를 돌려 달라는 권고'로, 편지와 탄원서의 형식을 띠고 있습니다.

마키아벨리가 가슴에서 끓어오르는 애국심을 바탕으로, 열정적으로 호소하는 마지막 말을 들어 보겠습니다.

> **군주론 중에서** 이탈리아를 통일할 가장 좋은 때가 왔습니다. 지금 이탈리아는 강대국에 억압당하고, 폭행당하고, 약탈당하고, 찢기고, 짓밟혀 붕괴되고 있습니다. 그래서 이탈리아인들은 자

신을 구원해 줄 지도자를 절실하게 기다리고 있습니다. 현재 이탈리아에는 전하의 가문을 제외하고는 행운과 역량을 모두 갖춘 가문이 없습니다. 전하는 교황으로 있는 삼촌을 통해 하느님에게 기회를 얻을 수도 있기에 위대한 지도자가 될 수 있습니다.

전하! 이탈리아는 지난 20년 동안 거의 모든 전쟁에서 패배하였습니다. 이탈리아가 외국과의 전쟁에서 승리하고, 통일을 이루기 위해서는 자국민으로 구성된 강한 군대를 육성해야 합니다. 군대는 이 모든 일을 이루는 핵심입니다.

이제 전하가 이탈리아를 구원할 최적의 기회가 찾아왔습니다. 외국의 침략으로 고통을 겪었던 모든 지역에서 전하를 얼마나 열렬히 환영할지, 불타는 복수심을 갖고, 뜨거운 눈물을 흘리며 전하를 환영할지 감히 상상조차 할 수 없습니다. 이제 전하를 가로막는 문은 없습니다. 누가 전하에게 복종을 거절하겠습니까? 어떤 이탈리아인이 전하를 따르지 않겠습니까?

전하가 희망과 용기로 무장하고, 이탈리아 통일의 고귀한 임무를 맡아 주십시오!

경미, 지유, 찬유
그리고 김병완 교수에게
이 책을 바칩니다.

참고 문헌

1 마이클 화이트(2016). 평전 마키아벨리. 이룸, 221-222p

2 시오노 나나미(2024). 나의 마키아벨리. 한길사, 67p

3 시오노 나나미(2024). 나의 마키아벨리. 한길사, 244~245p

4 마이클 화이트(2016). 평전 마키아벨리. 이룸, 228~229p 재구성

5 김상근(2013). 마키아벨리. 21세기 북스, 301~302p 재구성

6 연합뉴스(2013). "마키아벨리는 모든 약자의 수호성자", 2013.1.8.

7 월터 아이작슨(2019), 레오나르도 다빈치, 북이십일 아르떼, 135-137p

8 김정진(2023). 10대를 위한 총균쇠 수업. 넥스트씨. 202-203P

9 김정진(2024). 10대를 위한 논어 수업. 넥스트씨. 144~146P

10 삼국사기. 권제5 신라본기 제5 진덕왕 2년(648)

11 한국경제신문(2018). 美우선주의 외치는 트럼프… 국내선 "분열 조장" 비판 거세, 2018.11.19.

12 류성룡(2017). 징비록. ㈜미르북컴퍼니

13 BBC(2024). 우크라가 사살한 '러시아의 생화학무기 수장' 이고르 키릴로프는 누구인가

14 송찬섭(2004). 난중일기. 서해문집

15 최현주, 김상근(2024). 군주론. 319p

16 나무위키(2024). 루이9세.

17 한겨레(2024). 상석에 앉은 신원식, 구석에 앉은 오바마. 2024.1.13.

18 빅터프랭클(2020). 빅터프랭클의 죽음의 수용소에서. 청아출판사